쑤욱쑤욱
타자실력

KB184186

차시	날짜	빠르기	정확도	확인란
1	월 일	타	%	
2	월 일	타	%	
3	월 일	타	%	
4	월 일	타	%	
5	월 일	타	%	
6	월 일	타	%	
7	월 일	타	%	
8	월 일	타	%	
9	월 일	타	%	
10	월 일	타	%	
11	월 일	타	%	
12	월 일	타	%	

차시	날짜	빠르기	정확도	확인란
13	월 일	타	%	
14	월 일	타	%	
15	월 일	타	%	
16	월 일	타	%	
17	월 일	타	%	
18	월 일	타	%	
19	월 일	타	%	
20	월 일	타	%	
21	월 일	타	%	
22	월 일	타	%	
23	월 일	타	%	
24	월 일	타	%	

이 책의 목차

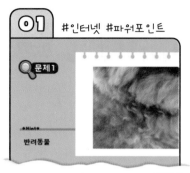
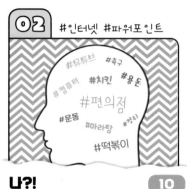
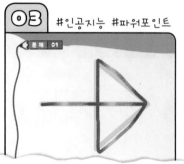

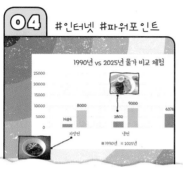

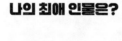

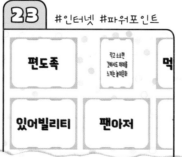

나는 무엇일까요?

인터넷 ··· 검색 엔진을 통해 원하는 이미지를 저장해요.
파워포인트 ··· 이미지를 편집하여 재미있는 퀴즈를 만들어요.

오늘의 작품

📁 **실습 및 완성파일** [Chapter 01] 폴더

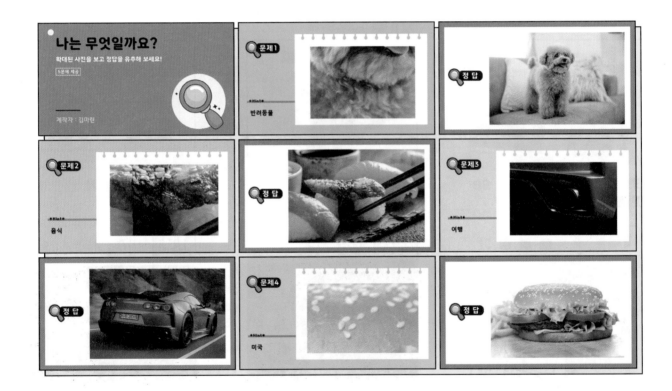

 오늘의 **QUIZ** 이미지 검색과 관련된 내용으로 옳지 않은 것은 무엇일까?

 '강아지' 보다 '갈색 푸들 새끼 강아지'를 검색했을 때 훨씬 다양한 강아지 이미지가 표시될 거야! ⬤

 똑같은 키워드로 검색을 하더라도 검색 알고리즘이나 시점에 따라 결과가 다르게 표시될 수 있어! ⬤

 인터넷에서 다운로드 받은 모든 이미지에는 저작권이 있을 수도 있으니 재배포에 유의해야 해! ⬤

01 네이버(www.naver.com)에 접속

02 좋아하는 동물을 검색

TIP 표시되는 이미지는 검색 기간 및 알고리즘 업데이트 등 여러 가지 이유로 교재와 다르게 나타날 수 있어요!

03 [이미지] 탭을 클릭

04 큰 사이즈의 이미지를 찾기 위해 [옵션]-[고화질]을 선택

05 원하는 이미지 위에서 우클릭 후 [이미지를 다른 이름으로 저장]

06 똑같은 방법으로 다양한 그림 4 개를 추가로 저장

TIP 총 5문제의 퀴즈를 완성하기 위해 5개의 이미지가 필요합니다. 슬라이드 비율에 맞추어 가로 방향의 이미지를 이용 하는 것을 추천해요!

01 [Chapter 01] 폴더에서 '나는 무엇일까요.pptx' 파일을 불러옵니다.

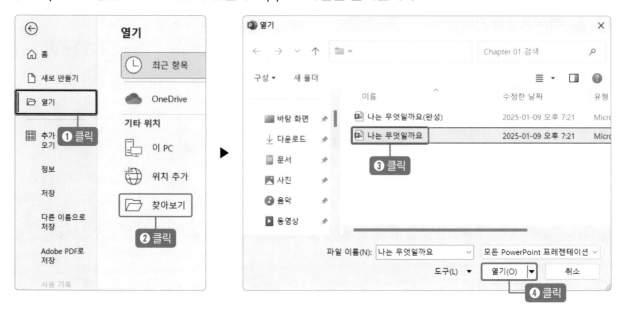

02 [삽입] 탭-[텍스트 상자]를 이용하여 [슬라이드 1]에 이름을 입력합니다.

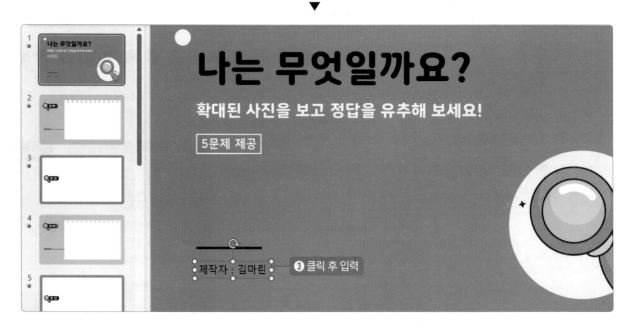

TIP 텍스트 상자의 테두리를 드래그하여 위치를 변경할 수 있어요!

03 입력된 내용을 블록으로 지정한 후 [홈] 탭에서 원하는 글자 서식으로 바꿔봅니다.

🔵 ③ 그림 삽입 후 편집하기

01 [슬라이드 2]를 선택한 후 5페이지에서 저장했던 그림을 삽입합니다.

TIP 그림을 저장했던 경로를 찾아 원하는 이미지를 선택합니다. [Chapter 01] 폴더에서 교재와 똑같은 그림을 이용할 수도 있어요!

02 그림이 삽입되면 [그림 서식] 탭-[자르기]를 이용해 퀴즈에 필요한 부분만 남기고 없애줍니다.

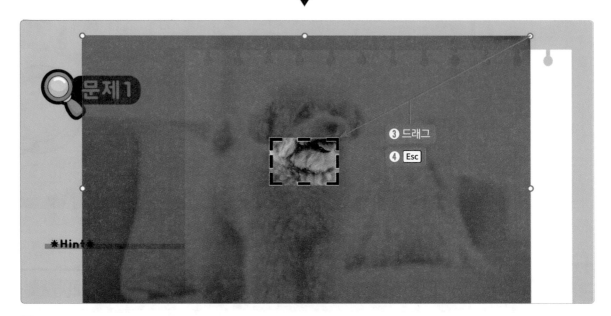

> **TIP** 자르기 조절점으로 확대할 부분만 선택한 다음 Esc를 눌러 작업을 완료해요!

03 그림의 크기와 위치를 조절한 후 [삽입] 탭-[텍스트 상자]를 이용하여 힌트를 입력합니다.

04 힌트 내용을 블록으로 지정한 후 [홈] 탭에서 글자 서식을 바꿔봅니다.

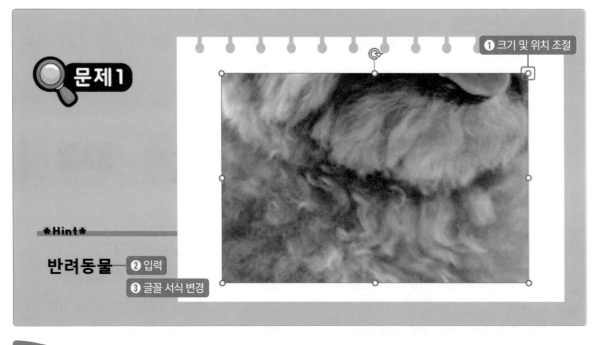

> **TIP** 그림의 대각선 조절점을 드래그하면 현재 비율에 맞추어 크기를 변경할 수 있어요!

05 [슬라이드 3]에 그림의 원본을 삽입하여 배치한 다음 나머지 퀴즈도 완성해 보세요.

TIP F5를 눌러 완성된 슬라이드를 확인한 후 파일을 저장해요!

와그작 **나 만 의 작 품**

파워포인트 2021 프로그램과 인터넷을 활용해 표지 디자인을 완성해 보세요.

📁 **실습 및 완성파일** [Chapter 01]-[연습문제] 폴더

작성 조건 ★
‣ 인터넷 브라우저를 통해 좋아하는 인물 또는 캐릭터 사진을 저장한 후 슬라이드에 삽입
‣ [그림 서식] 탭-[자르기] 기능으로 정방향 비율로 자르기
‣ [그림 서식] 탭-[자르기]-[도형에 맞춰 자르기]를 클릭 후 원하는 도형을 선택하여 자르기
  ■ 책에서는 [기본 도형]-[팔각형] / [눈물 방울] / [사각형: 빗면]을 이용했어요!

02 CHAPTER

나?! 키워드로 알려드림

인터넷 ··· 컴퓨터에 학교 안심폰트에서 제공하는 글꼴을 설치해요.
파워포인트 ··· 입력된 텍스트의 글자 서식을 변경하면서 슬라이드를 꾸며요.

 오늘의 작품

📁 실습 및 완성파일 [Chapter 02] 폴더

오늘의 TOON 글꼴 저작권을 확인하고 안전하게 사용해요!

무료로 제공되는 글꼴이라도 저작권이 있을 수 있으므로
출처가 확실한 신뢰할 수 있는 사이트에서 직접 다운로드 받는 것이 좋아요!

01 네이버(www.naver.com)에 접속 후 내용 검색

02 [학교 안심폰트 다운로드] 클릭

TIP 교육저작권지원센터에서 제공하는 학교 안심폰트는 누구나 자유롭게 사용이 가능해요!

03 다양한 이름의 글꼴이 표시되면 간단한 문구를 입력해보기

04 원하는 폰트 제목 선택

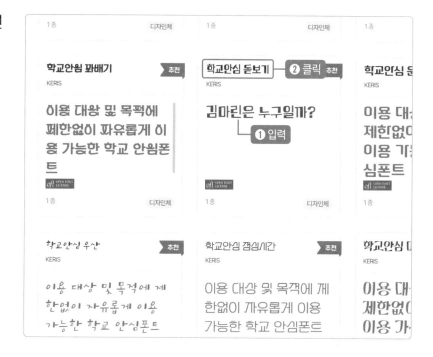

05 [다운로드] 단추를 클릭하여 폰트 파일 저장

06 똑같은 방법으로 여러 개의 폰트를 설치

07 다운로드 폴더 확인

08 압축 풀기 진행 후 폴더 열기

09 트루타입 글꼴 파일로 설치하기

TIP 똑같은 방법으로 압축을 풀어 저장한 폰트를 컴퓨터에 [설치]해 보세요. 또는 [실습파일] 폴더 내 [학교 안심폰트]-
SafeFonts.zip을 설치하는 방법도 있습니다!

STEP 2 필요한 키워드 복사하고 붙여넣기   파워포인트

01 [Chapter 02] 폴더에서 '키워드 놀이.pptx' 파일을 불러와 [슬라이드 2]를 선택합니다.

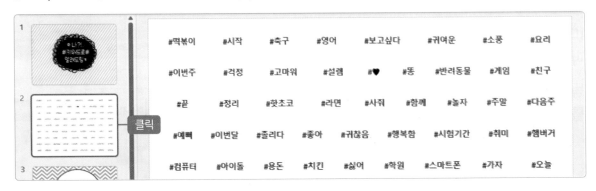

02 나의 뇌를 채울 수 있는 키워드를 10개정도 선택한 후 복사해 보세요.(Ctrl+C)

03 [슬라이드 3]을 클릭해 붙여넣어줍니다.(Ctrl+V)

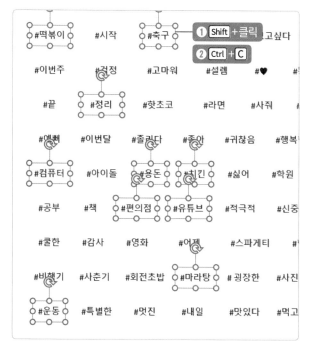 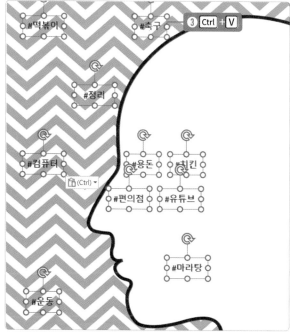

 Shift를 누르면서 글자를 클릭하면 여러 개를 선택할 수 있어요!

STEP 3 키워드의 글꼴 서식 변경하기 파워포인트

01 텍스트 상자의 테두리를 선택한 후 [홈] 탭에서 설치한 폰트를 적용합니다.

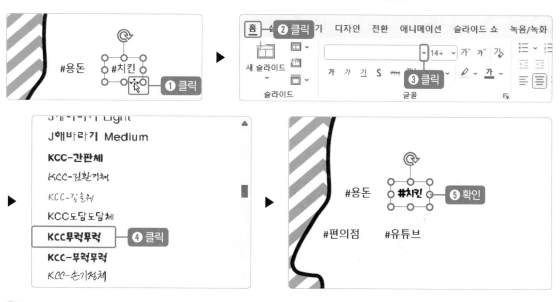

TIP 글꼴 목록은 영문-한글(ㄱ, ㄴ, ㄷ......ㅎ) 순서로 표시될 거예요!

02 아래 그림을 참고해 글꼴 크기를 변경한 후 [다른 색] 메뉴를 이용해 원하는 색상을 선택합니다.

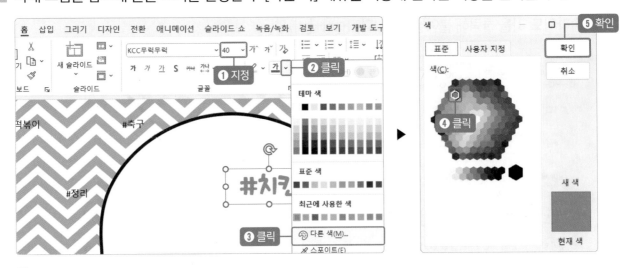

TIP 글꼴 크기 변경 후 조절점을 이용해 텍스트 상자의 너비도 함께 늘려주세요!

03 나머지 텍스트 상자에 입력된 키워드도 글꼴 서식을 자유롭게 변경하고 배치합니다.

TIP 텍스트 상자 위쪽에 표시되는 회전 조절점으로 자유롭게 회전시킬 수 있어요!

04 이번에는 [슬라이드 2]의 키워드를 활용해 [슬라이드 4]의 문장을 완성해 보세요.

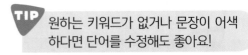 원하는 키워드가 없거나 문장이 어색하다면 단어를 수정해도 좋아요!

05 똑같은 방법으로 [슬라이드 5]의 문장을 완성한 다음 [슬라이드 2]를 삭제합니다.

 F5를 눌러 완성된 슬라이드를 확인한 후 파일을 저장해요!

파워포인트 2021 프로그램에서 텍스트 상자를 넣어 캘리그라피 작품을 완성해 보세요.

📁 **실습 및 완성파일** [Chapter 02]-[연습문제] 폴더

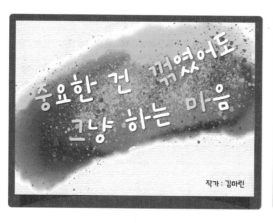 

▹ [삽입] 탭-[텍스트 상자]를 이용하여 원하는 문구를 입력

　■ 책에서는 텍스트 상자를 글자별로 쪼개어 삽입했어요!

▹ 원하는 대로 글꼴 모양, 글자 크기, 글꼴 색, 그림자 효과 등을 지정

　■ 11페이지를 참고하여 글꼴을 설치할 수 있어요. 손글씨 느낌의 글꼴을 활용해 멋지게 작품을
　　완성해 보세요!

▹ 글자의 위치 및 회전 기능을 이용해 자유롭게 배치

▹ 작가 이름을 텍스트 상자로 입력

마우스 한붓그리기

CHAPTER 03

오늘의 **작품**

📁 **실습 및 완성파일** [Chapter 03] 폴더

게임방법

① 도형 그리기:

주어진 도형을 펜을 들지 않고 한 번의 선으로 그립니다.

② 경로 제한:

그리기 도중에 경로를 변경하거나 펜을 놓을 수 없습니다.

③ 시작과 끝:

정해진 시작점에서 끝점을 맞추어야 합니다.

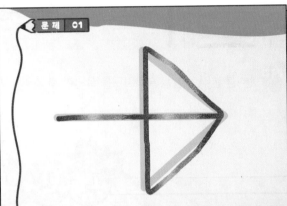

문제 01

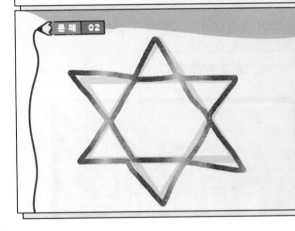

문제 02

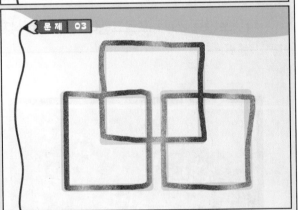

문제 03

오늘의 **TOON** | **챗GPT는 어떤 인공지능일까요?**

챗GPT는 다양한 정보를 제공하고 질문에 답을 하는 인공지능이에요.
대화에서 원하는 답을 얻지 못했다면 구체적이고 명확하게 다시 질문해 보도록 해요!

01 챗GPT(chatgpt.com)에 접속

02 한붓그리기 규칙에 대한 내용을 입력

TIP 로그인 메시지가 표시되었다면 [로그아웃 유지]를 선택해 로그인 없이 이용이 가능해요!

03 표시된 내용을 확인

04 챗GPT에게 내용 함축을 요청

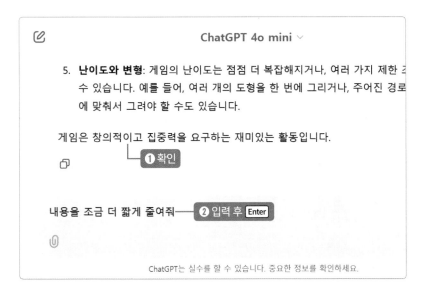

05 원하는 내용이 표시되면 블록으로 지정하여 복사(Ctrl+C)

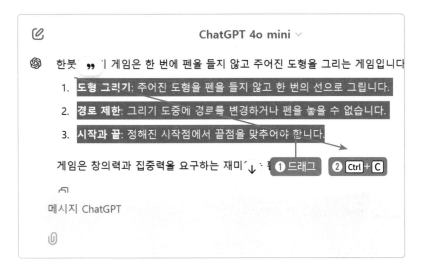

TIP 같은 질문을 하더라도 챗GPT는 다양한 관점에서 답변을 생성하기 때문에 조금씩 다른 답을 보여줄 거예요!

01 [Chapter 03] 폴더에서 '한붓그리기.pptx' 파일을 불러와 [슬라이드 2]를 선택합니다.

02 내용 입력 상자 안쪽을 클릭한 후 붙여넣기(Ctrl+V) 합니다.

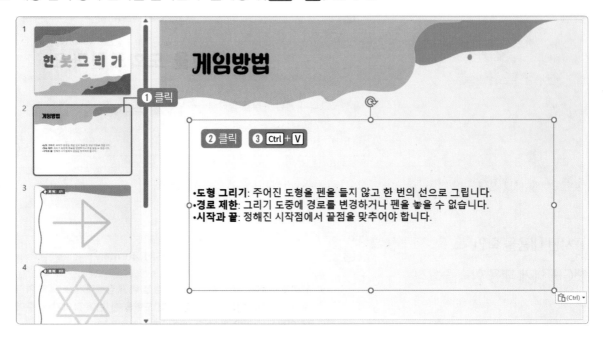

03 텍스트가 선택된 상태에서 [홈] 탭-[번호 매기기] 기능을 이용해 원하는 번호 모양을 선택합니다.

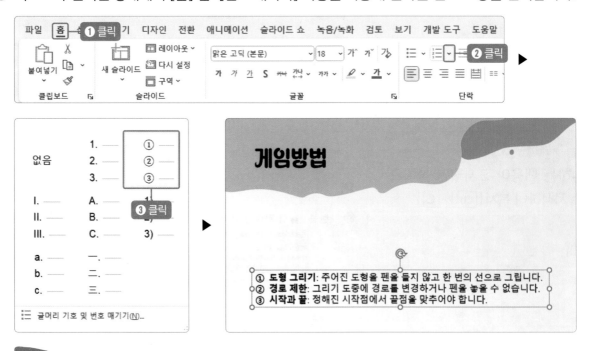

TIP 내용이 길어 슬라이드 밖으로 넘치게 되면, 텍스트 상자의 조절점을 드래그해 가로 길이를 조절해요!

04 텍스트 상자의 테두리를 선택한 다음 [홈] 탭에서 글꼴 서식과 줄 간격을 변경합니다.

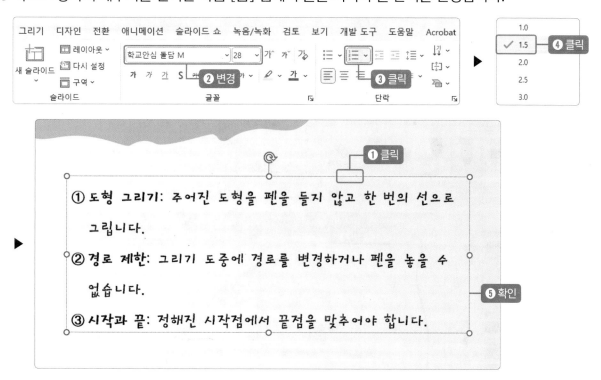

TIP [실습파일] 폴더 내 [학교 안심폰트]–SafeFonts.zip을 설치하면 다양한 글꼴 사용이 가능해요!

05 특정 글자 앞을 클릭한 후 Shift + Enter 를 눌러 아랫줄로 강제 줄 바꿈하여 내용을 정리해 보세요.

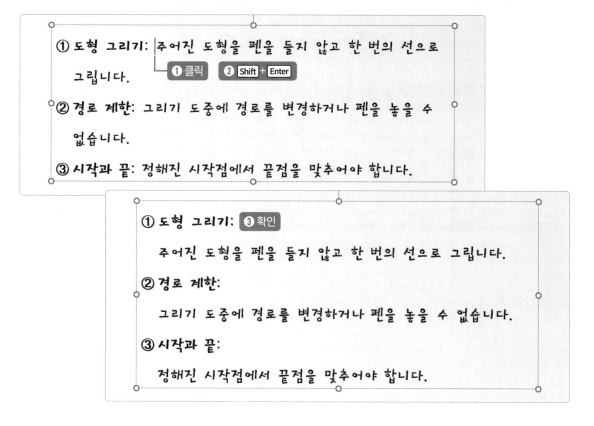

01 [슬라이드 3]을 클릭한 다음 [그리기] 탭에서 원하는 붓을 선택합니다.

02 게임방법에 따라 화살표 모양을 그리면서 한붓그리기 놀이를 진행해 보세요.

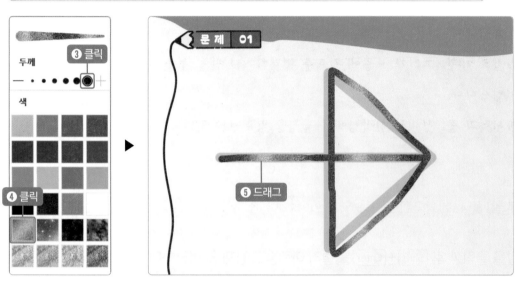

> **TIP** 그림을 잘못 그렸을 경우, Ctrl+Z를 눌러 이전 단계로 되돌릴 수 있어요!

03 아래 힌트를 참고하여 한붓그리기를 완성합니다.

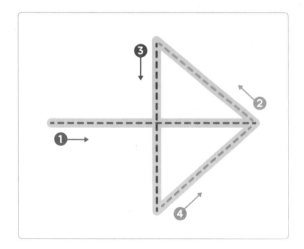

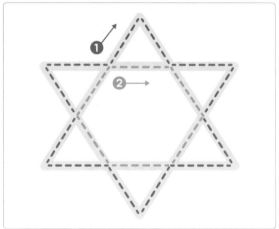

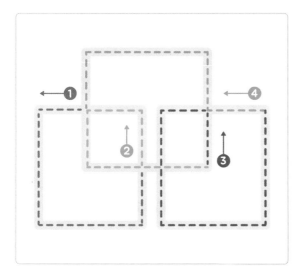
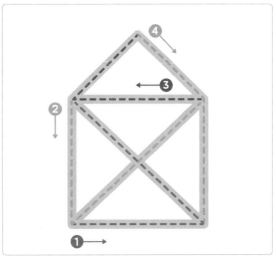

 F5를 눌러 완성된 슬라이드를 확인한 후 파일을 저장해요!

나 만 의 작 품

파워포인트 2021 프로그램에서 형광펜 그리기 도구를 이용해 워드퍼즐을 풀어보세요.

■ **실습 및 완성파일** [Chapter 03]-[연습문제] 폴더

▷ [그리기] 탭에서 형광펜을 이용해 숨겨진 글자를 찾아 표시하기

■ 형광펜의 색상은 카테고리 테마 색과 비슷하게 맞추어 작업해 보세요. 정답은 [연습문제
(완성).pptx] 파일에서 확인할 수 있어요!

통계로 시간여행 떠나기

04 CHAPTER

오늘의 작품

📁 **실습 및 완성파일** [Chapter 04] 폴더

오늘의 **OXOX** 통계청에서 우리 동네 사람들의 직업을 알 수 있다?

통계청은 직업, 전화번호, 주소 등의 정보를 알려주는 기관이야

VS

전체 인구가 아닌 개인의 비밀 정보는 절대 알려줄 수 없어!

01 국가통계포털(kosis.kr)에 접속

02 [쉽게 보는 통계]-[통계시각화콘텐츠] 클릭

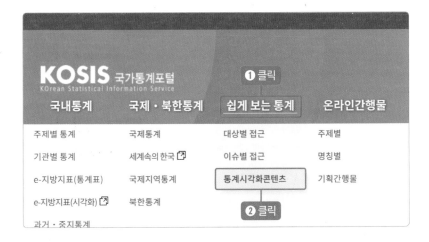

03 [통계로 시간여행] 클릭

TIP '통계로 시간여행'은 과거의 통계 데이터를 시각적으로 탐험할 수 있는 서비스예요!

04 내 이름을 입력 후 물가 체험할 연도를 선택

05 [물가체험]-자장면/냉면/치킨을 선택해 시간여행 떠나기

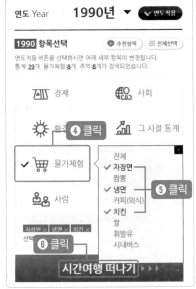

06 자장면 항목 <체험하기>

07 최근 자장면 값을 입력한 후 <비교하기>

08 똑같은 방법으로 냉면과 치킨의 물가 체험 완료

TIP 물가상승 차트를 만들 때 해당 내용을 데이터로 이용하기 위해 인터넷을 종료하지 않아요!

STEP 2 물가상승 데이터로 차트 만들기 파워포인트

01 [Chapter 04]-'통계로 시간여행.pptx' 파일을 불러와 [슬라이드 1]을 선택한 후 여행자의 이름을 입력하고 서식을 변경합니다.

02 [슬라이드 2]를 클릭한 다음 [삽입] 탭-[차트]를 선택하고 [세로 막대형]-[묶은 세로 막대형]을 삽입합니다.

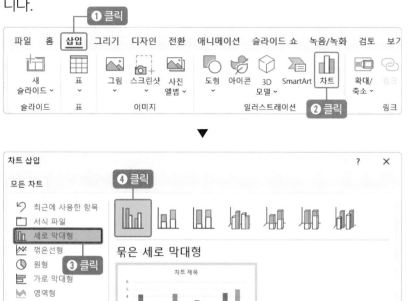

03 통계로 여행에서 체험했던 데이터를 활용해 차트에 필요한 내용을 입력해 보세요.

04 계열 3과 항목 4를 삭제합니다. 만약 범위가 완전히 지워지지 않았다면 한 번 더 작업해 보세요.

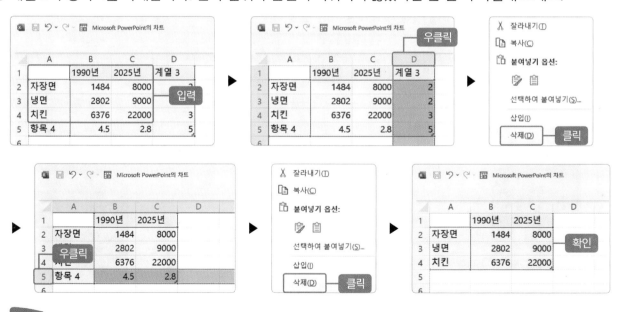

TIP 연도는 현재 기준으로 입력합니다. 통계청의 최근 데이터는 업데이트 시기에 따라 변동될 수 있어요!

01 [차트 디자인] 탭에서 [색 변경] 기능을 이용해 원하는 색상을 선택한 다음 [차트 스타일]을 스타일 7로
지정합니다.

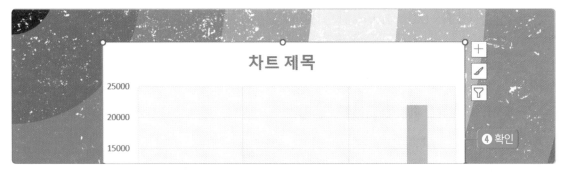

TIP 화려한 배경에서도 잘 보일 수 있는 차트 디자인으로 변경했어요!

02 차트의 테두리를 선택한 다음 [홈] 탭에서 원하는 글꼴 서식으로 변경합니다.

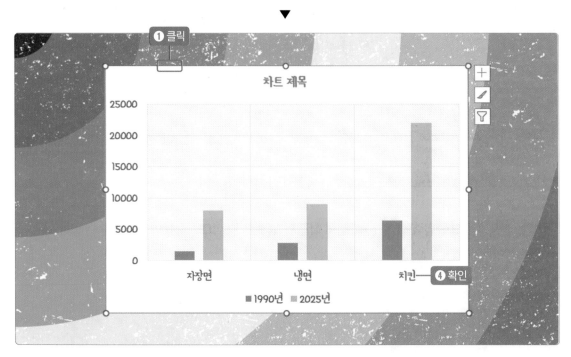

03 이번에는 차트 제목을 수정하고 글꼴 서식을 변경해 보세요.

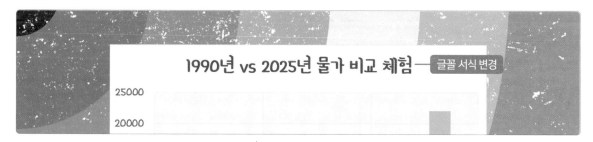

> **TIP** 차트 제목을 선택한 다음 입력된 텍스트를 블록으로 지정해 내용을 수정할 수 있어요!

04 금액을 표시하기 위해 각각의 계열 막대 위에서 마우스 오른쪽 버튼을 눌러 [데이터 레이블 추가]를 클릭합니다.

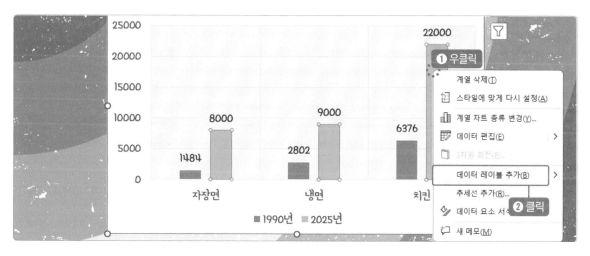

05 차트 주변의 조절점을 이용해 크기를 적당하게 조절합니다.

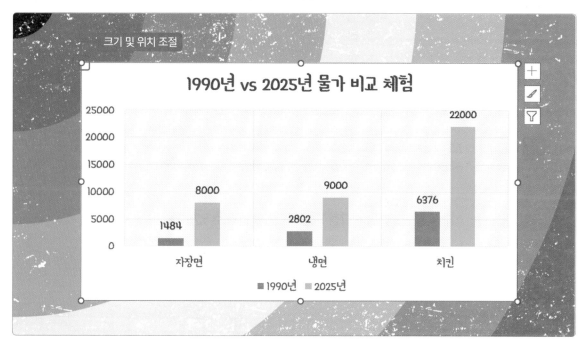

01 [삽입] 탭-[도형]에서 [설명선]-[설명선: 선]을 삽입합니다.

02 노란색 조절점을 이동하여 설명선이 아래쪽을 가리키도록 변형합니다.

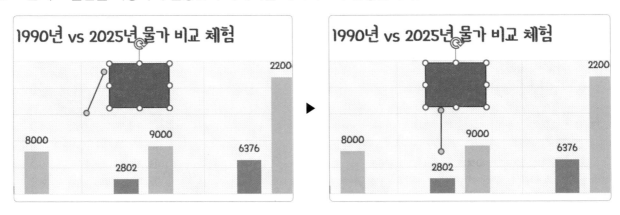

03 [도형 서식] 탭-[도형 채우기]-[그림]을 선택하여 [Chapter 04] 폴더에서 '냉면' 이미지를 삽입합니다.

04 이번에는 [도형 서식] 탭-[도형 윤곽선]에서 색상, 두께, 스케치, 화살표를 자유롭게 변경해 보세요.

> **TIP** [도형 윤곽선]-[스케치]를 변경하면 손그림 느낌의 도형을 만들 수 있어요!

05 완성된 도형을 복사하여 자장면과 치킨 이미지를 채워봅니다.

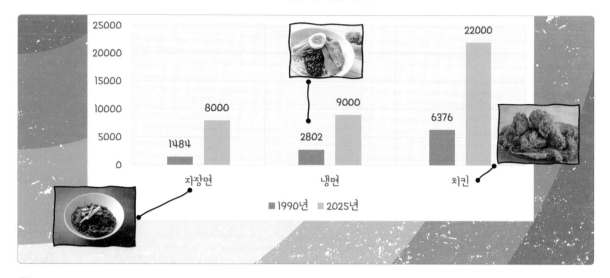

TIP [Ctrl]을 누른 채 도형을 드래그하면 원하는 곳으로 복사할 수 있어요!

통계로 시간여행과 파워포인트 2021 프로그램을 이용해 2002년의 드라마 문화를 소개해보세요.

📁 **실습 및 완성파일** [Chapter 04]-[연습문제] 폴더

작성 조건 ★

▸ 국가통계포털(kosis.kr)에 접속한 후 통계로 시간여행에서 위 그림과 같이 조건을 지정

▸ 통계 결과에 드라마 이름이 표시되면 알맞은 이름으로 수정

  ■ 2002년을 대표하는 드라마 3개가 표시될 거예요. 슬라이드의 '드라마 이름' 텍스트 상자의 내용을 수정해 보세요!

나도 패션 기업 CEO

인공지능	··· 챗GPT를 통해 멋진 패션 기업의 이름을 지어보세요.
파워포인트	··· 패션 기업의 로고를 만들어 제품 디자인을 완성해요.

📁 **실습 및 완성파일** [Chapter 05] 폴더

오늘의 작품

오늘의 TOON | **로고는 어떻게 만드는 것이 좋을까요?**

로고는 특정 회사를 대표하는 독특한 그림이나 글자예요. 예를 들어, 애플은 사과 모양,
맥도날드는 M자 모양으로 로고를 통해 어떤 회사인지 쉽게 알아볼 수 있지요!

01 챗GPT(chatgpt.com)에 접속

02 필요한 내용을 입력

ChatGPT 4o mini ⌄

무엇을 도와드릴까요?

캐주얼한 패션 회사를 만들 거야. 브랜드의 이름을 지어줘.

입력 후 Enter

TIP 원하는 패션 스타일 방향에 맞춰 챗GPT에게 명령을 내려보세요!

03 표시된 내용을 확인

04 챗GPT에게 내용 정리를 요청

캐주얼한 패션 브랜드 이름을 지을 때는 편안하면서도 세련된 느낌을 주는 몇 가지 아이디어를 제안해볼게요:

1. **LazyStitch** (편안한 옷과 스타일을 강조하는 이름)
2. **DayEase** (하루 종일 편안함을 느낄 수 있는 옷) ── ❶ 확인
3. **UrbanFlow** (도시적인 감각을 살린 스타일)
4. **SoftWear** (부드럽고 착용감 좋은 옷)
5. **ChillTide** (여유롭고 자유로운 느낌을↓ 는 이름)

영어 이름, 한국어 발음, 로고의 뜻을 함께 적어줘 ── ❷ 입력 후 Enter

05 원하는 내용이 표시되면 블록으로 지정하여 복사(Ctrl+C)

• **로고의 뜻**: 'Sway'는 흔들리다, 'Fit'은 잘 맞다를 의미합니다. 로고는 자 임을 표현하면서도 핏감을 강조하는 요소를 결합할 수 있습니다. 예를 드럽게 흔들리는 모습을 상징적으로 디자인할 수 있습니다.

8. ComfyWave

❶ 블록 지정 ❷ Ctrl+C

• **한국어 발음**: 컴피웨이브
• **로고의 뜻**: 'Comfy'는 편안함을, 'Wave'는 파도나 물결을 의미합니다. 흐르는 편안한 감각을 담은 디자인을 활용하여, 휴식과 편안함을 상징

이 중에서 마음에 드는 이름이 있으신가소↓ 아니면 다른 스타일을 원하시면 드릴 수도 있습니다!

메시지 ChatGPT

TIP 로고 이름이 모두 마음에 들지 않을 경우, 구체적인 명령을 추가하여 원하는 결과를 얻을 수 있어요!

질문 예   조금 더 에너지 넘치는 느낌으로 만들어줘, 10대 고객을 겨냥한 브랜드야.

01 [Chapter 05]–'패션 기업 CEO.pptx' 파일을 불러와 [슬라이드 1]을 선택한 후 복사한 내용을 붙여넣기([Ctrl]+[V]) 합니다.

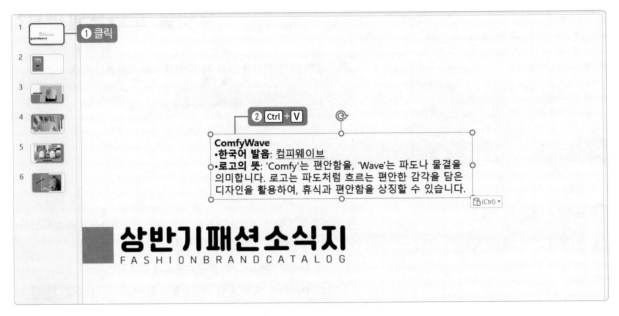

TIP 다음 작업을 위해 복사된 내용의 테스트 상자를 슬라이드 위쪽으로 옮겨주세요!

02 [삽입] 탭–[아이콘]을 클릭하여 회사 로고에 어울릴만한 모양을 찾아 삽입합니다.

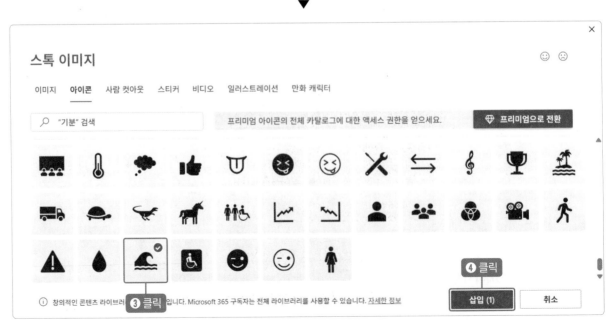

03 슬라이드에 삽입된 아이콘을 선택한 후 [그래픽 형식] 탭에서 [도형으로 변환]을 클릭합니다.

TIP 비교적 단순한 아이콘은 하나의 도형으로 인식되니 작업에 참고해요!

04 [도형 서식] 탭-[도형 채우기]에서 도형을 원하는 색으로 바꿔봅니다.

05 브랜드명을 복사(Ctrl+C)한 후 슬라이드 빈 곳을 선택해 붙여넣기(Ctrl+V)합니다.

06 도형 주변에 텍스트를 배치하고 글꼴 서식을 변경해 로고를 만들어 봅니다.

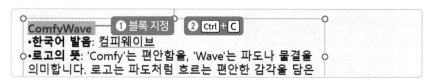

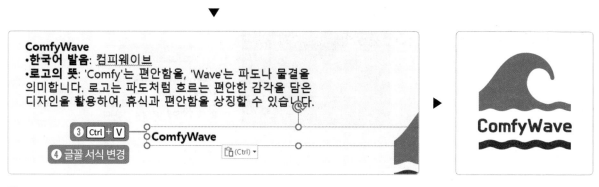

TIP 도형을 편집(위치 이동, 크기 변경, 회전)하거나, 새로운 아이콘을 추가해 멋진 로고를 만들어 보세요!

07 완성된 로고를 그룹으로 지정하여 복사(Ctrl+C)한 후 [홈] 탭에서 [붙여넣기-그림]을 선택합니다.

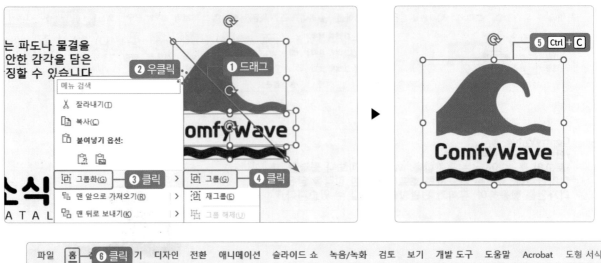

TIP 그룹으로 지정된 로고의 크기를 조절했을 때 텍스트의 크기는 변하지 않으므로, 로고를 그림으로 바꿔줍니다!

08 도형으로 작업된 로고를 삭제한 후 그림 로고를 [슬라이드 1]과 [슬라이드 2]에 배치합니다.

09 [슬라이드 2]에 로고 관련 내용을 배치한 후 내용을 편집하고 글꼴 서식을 변경합니다.

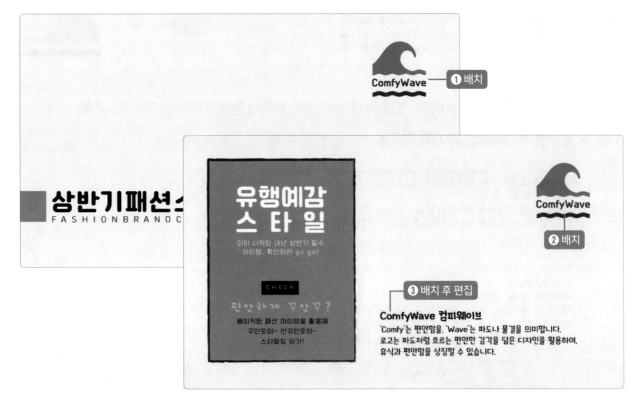

10 그림으로 된 로고를 복사(Ctrl+C)한 후 [슬라이드 3] ~ [슬라이드 6] 제품에 붙여넣기(Ctrl+V) 하여 디자인을 완성해 보세요.

 로고 이미지가 선택된 상태에서 [그림 서식]-[색] 메뉴를 이용해 로고의 색상을 변경할 수 있어요!

챗GPT와 파워포인트 2021 프로그램을 이용해 원하는 컨셉의 패션 브랜드 로고를 만들어 꾸며보세요.

📁 **실습 및 완성파일** [Chapter 05]-[연습문제] 폴더

작성 조건 ★

▸ 챗GPT를 이용해 패션 브랜드의 이름을 정하기

　질문 예　친환경 패션 브랜드 이름을 추천해줘.

▸ [삽입] 탭-[아이콘]을 활용하여 브랜드 로고를 완성한 후 그림으로 붙여넣기
　■ 책에서는 '식물'을 검색했을 때 표시되는 아이콘을 편집하여 로고에 활용했어요!

▸ [그림 서식] 탭에서 [색], [꾸밈 효과], [투명도] 등을 활용해 티셔츠와 에코백 꾸미기

모래로 만드는 예술 작품

인터넷 ··· 다양한 색상조합과 색상 코드를 알아보아요.
파워포인트 ··· 샌드아트 작품을 만들고 슬라이드 전환 효과를 지정해요.

오늘의 작품

📁 실습 및 완성파일 [Chapter 06] 폴더

오늘의 QUIZ 헥사코드에 대한 내용으로 옳지 않은 것은 무엇일까?

헥사코드란 #FF5733 등과 같이 숫자와 글자로 나타내는 색깔 표현 방법이야!

헥사코드는 주로 웹사이트에서 색상을 선택할 때 많이 사용되고 있어!

코드 앞에 #(샵) 대신 ?(물음표)나 !(느낌표)를 넣어도 좋아!

01 [Chapter 06] 폴더에서 '샌드아트.pptx' 파일을 불러옵니다.

02 [삽입] 탭–[도형]에서 '직사각형'과 '타원'을 아래와 같이 삽입합니다.

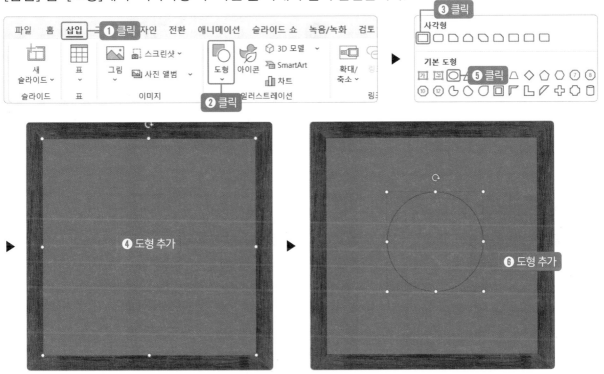

01 컬러헌트(colorhunt.co)에 접속

02 [Gold] 팔레트 탭에서 연한 모래색 찾기

03 해당 색상의 헥사코드 클릭

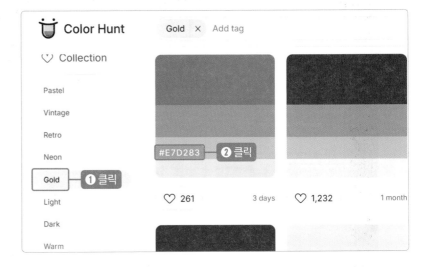

TIP 원하는 색상에 마우스 포인터를 올리면 해당 색상의 헥사코드가 표시되며, 이 코드를 클릭하면 클립보드에 자동으로 복사돼요!

01 직사각형 도형을 선택한 후 [도형 서식] 탭-[도형 채우기]-[다른 채우기 색]을 클릭합니다.

02 [사용자 지정] 탭에서 16진수 입력 칸에 복사한 헥사코드를 붙여넣기([Ctrl]+[V])합니다.

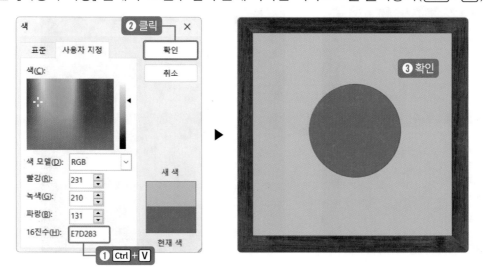

03 가운데 타원 도형 위에서 마우스 오른쪽 버튼을 눌러 [도형 서식]을 클릭합니다.

04 우측 작업 창이 표시되면 [패턴 채우기] 항목을 선택합니다.

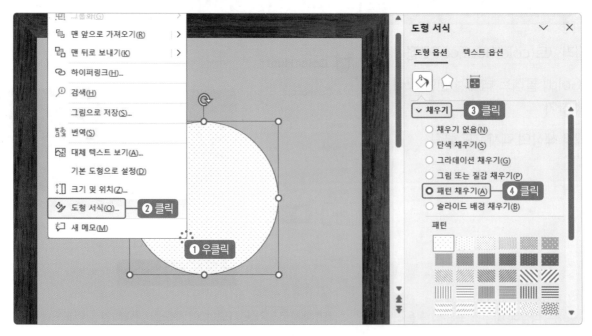

05 패턴의 모양을 '평직'으로 변경한 다음 [전경색]-[스포이트]로 연한 모래 색상을 선택합니다.

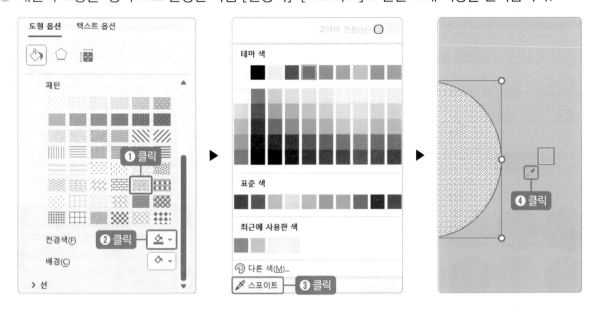

06 이번에는 패턴의 [배경]을 진한 모래 색상으로 적용하여 결과를 확인합니다.

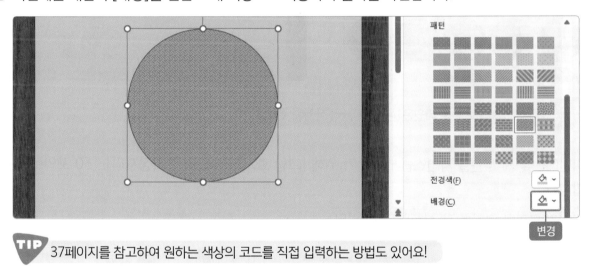

TIP 37페이지를 참고하여 원하는 색상의 코드를 직접 입력하는 방법도 있어요!

07 타원을 복사([Ctrl]+[C])한 후 [홈] 탭에서 [붙여넣기-그림]을 선택합니다.

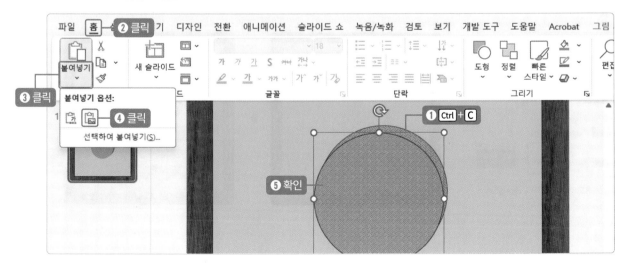

01 앞쪽에 배치된 그림으로 복사된 타원을 선택한 후 [그림 서식] 탭에서 [꾸밈 효과]–[유리]를 클릭합니다.

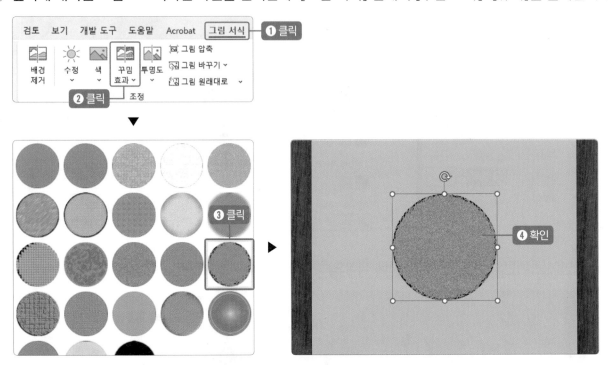

> **TIP** 뒤쪽에 도형으로 만든 타원은 Delete 를 눌러 삭제해 주세요!

02 이번에는 경계 부분을 자연스럽게 만들기 위해 [그림 효과]–[부드러운 가장자리]–[50 포인트]를 선택합니다.

03 도형의 크기와 위치를 적당하게 조절합니다.

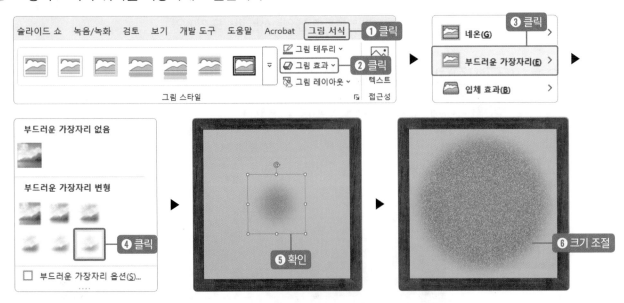

40

04 [삽입] 탭-[아이콘]에서 원하는 아이콘을 추가한 후 색상을 연한 모래 색으로 변경하여 샌드아트를 완성합니다.

TIP 삽입된 아이콘이 선택된 상태에서 [그래픽 형식] 탭-[그래픽 채우기]에서 색상을 변경해요!

STEP 5 슬라이드 복제 후 전환 효과 적용하기 파워포인트

01 왼쪽 슬라이드 축소판 그림창 위에서 마우스 오른쪽 버튼을 눌러 [슬라이드 복제]를 클릭합니다.

02 슬라이드가 복제되면 아이콘을 지우고 새로운 아이콘을 넣고 색을 변경해 보세요.

TIP 슬라이드 전환 효과를 적용하기 위해 여러 개의 슬라이드가 있으면 좋아요. 책에서는 6개의 샌드아트 슬라이드를 완성했어요!

03 각 슬라이드를 선택한 다음 [전환] 탭에서 원하는 효과를 선택합니다.

 각 슬라이드마다 다른 화면 전환 효과를 선택해 보세요. F5를 눌러 멋진 작품을 감상할 수 있어요!

파워포인트 2021 프로그램을 이용하여 멋진 효과의 액자를 만들어보세요.

📁 **실습 및 완성파일** [Chapter 06]-[연습문제] 폴더

▷ [삽입] 탭-[그림]을 이용하여 [연습문제] 폴더에서 그림 불러오기

▷ [그림 서식] 탭-[자르기] 기능으로 정사각형 비율로 자르기

▷ [그림 서식] 탭에서 [꾸밈 효과]와 [색]을 이용해 그림액자 완성

■ 책에서는 '네온 가장자리', '플라스틱 워프', '강조' 꾸밈 효과를 적용했어요!

도심 속 캠핑 영화관

인터넷 ··· 좋아하는 만화나 영화 캡처 이미지를 검색해요.

파워포인트 ··· 도형 병합 기능을 통해 스크린에 원하는 이미지를 합성해요.

오늘의 작품

📁 **실습 및 완성파일** [Chapter 07] 폴더

오늘의 QUIZ **복사와 붙여넣기에 대한 내용으로 옳지 않은 것은 무엇일까?**

텍스트 또는 그림을 복사한 후 붙여넣기하면 똑같은 내용을 쉽게 추가할 수 있어!

Ctrl + A 를 눌러 복사한 내용을 빠르게 붙여넣을 수 있지!

복사된 내용(텍스트 또는 그림)을 잠시 저장하는 공간을 클립보드라고 해!

01 [Chapter 07]-'캠핑 영화관.pptx' 파일을 불러온 다음 [삽입] 탭-[도형]에서 '직사각형'을 아래와 같이 삽입합니다.

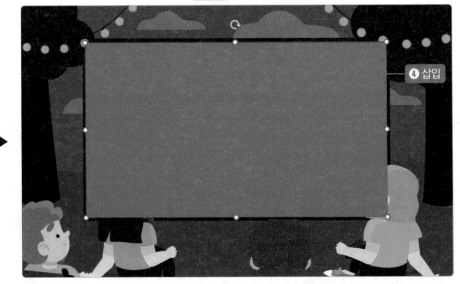

02 도형 위에서 마우스 오른쪽 버튼을 눌러 [도형 서식]을 클릭한 다음 채우기 색, 투명도를 지정합니다.

03 투명도가 지정된 도형 위에서 마우스 오른쪽 버튼을 눌러 [기본 도형으로 설정]을 클릭합니다.

TIP 특정 도형을 [기본 도형으로 설정]하면 해당 도형 서식이 기본값으로 적용될 거예요!

01 아래 그림을 통해 스크린을 침범한 부분을 확인해 보세요.

02 [삽입] 탭-[도형]에서 '타원'을 아래와 삽입한 후 도형의 색상을 임의대로 변경합니다.

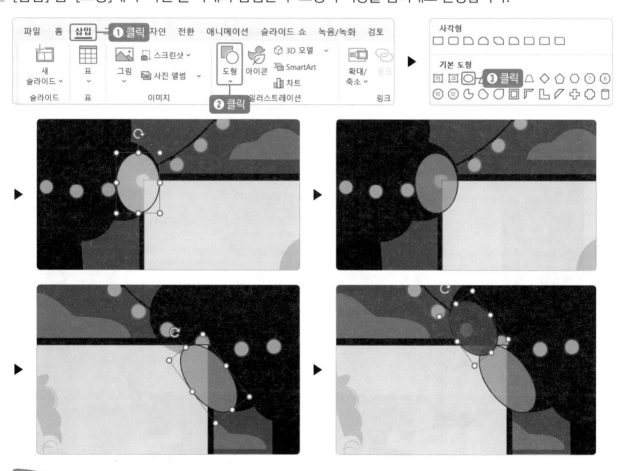

TIP Ctrl을 누른 채 마우스 휠을 굴려 슬라이드를 확대한 후 작업하면 더 편리해요!

03 동일한 방법으로 아래쪽 캐릭터의 얼굴 부분도 작업해 보세요.

04 Ctrl + A 를 눌러 모든 도형이 선택되면 [도형 서식] 탭에서 [도형 윤곽선]-[윤곽선 없음]을 지정합니다.

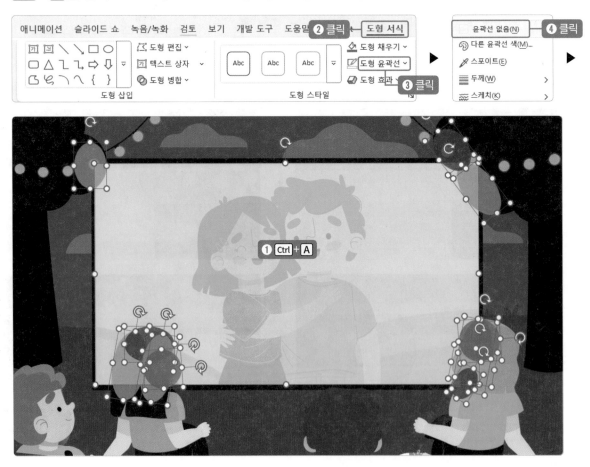

01 아래와 같이 드래그하여 겹쳐진 타원 도형을 선택합니다.

02 [도형 서식] 탭에서 [도형 병합]-[통합]을 클릭하여 하나의 도형으로 만들어줍니다.

03 똑같은 방법으로 겹쳐진 도형을 하나로 [통합]합니다.

04 Ctrl + A 를 눌러 모든 도형이 선택되면 [도형 병합]-[빼기]를 클릭하여 스크린을 침범한 부분을 말끔하게 제거합니다.

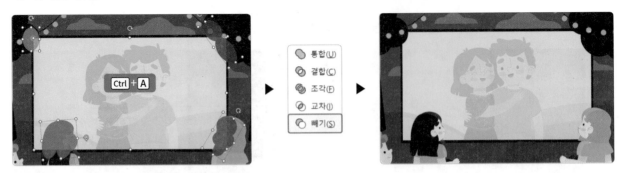

STEP 4 이미지를 클립보드에 복사하기 — 인터넷

01 네이버(www.naver.com)에 접속

02 좋아하는 이미지를 고화질로 검색

03 [이미지 복사]

TIP 저작권의 문제로 책에서는 별도의 이미지를 사용했으며, [Chapter 07] 폴더에 교재와 동일한 이미지가 있습니다!

STEP 5 복사한 이미지를 도형 안에 넣기 — 파워포인트

01 스크린 위에서 마우스 오른쪽 버튼을 눌러 [도형 서식]을 클릭합니다.

02 우측 작업 창이 표시되면 [그림 또는 질감 채우기] 항목을 선택한 후 <클립보드>를 클릭합니다.

파워포인트 2021 프로그램을 이용하여 반짝반짝 캐릭터를 완성해보세요.

📁 **실습 및 완성파일** [Chapter 07]-[연습문제] 폴더

▸ [삽입] 탭-[도형]에서 원하는 도형을 여러 개 추가하여 머리 모양 만들기
  ■ 도형이 슬라이드 밖으로 나가도 괜찮아요. 풍성한 머리 모양을 만들어 보세요!

▸ 추가한 도형을 모두 선택하여 [도형 서식] 탭-[도형 병합]-[통합] 클릭

▸ 도형이 하나로 합쳐지면 [그림 또는 질감 채우기] 기능으로 [연습문제] 폴더에서 그림 불러오기
  ■ 머리가 완성되면 [맨 뒤로 보내기]를 이용해 캐릭터 뒤쪽으로 배치해요!

08 CHAPTER

종|합|평|가
모아모아 눈 코 입, 인물 퀴즈

| 인터넷 | ··· 인물 퀴즈에 필요한 이미지를 저장해요. |
| 파워포인트 | ··· 텍스트 상자, 아이콘, 그림 자르기, 전환 등의 기능으로 작품을 만들어요. |

실습 및 완성파일 [Chapter 08] 폴더

오늘의 작품

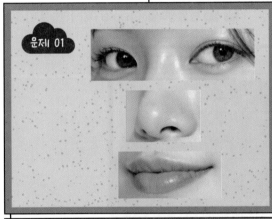

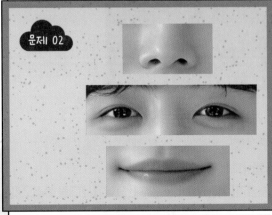

 **인터넷 작성조건**

① 인터넷에서 원하는 인물 사진을 고화질로 저장

 TIP 퀴즈에 필요한 사진을 4장 정도 다운로드 해보세요. 책에서 사용된 이미지는 [Chapter 08] 폴더 안에 있어요!

 **파워포인트 작성조건**

① [슬라이드 1]에 아이콘과 텍스트 상자를 이용하여 제목 입력

TIP '모아 모아'가 입력된 부분은 아이콘(구름)을 2개 겹쳐 만들었어요.

② [슬라이드 2]에 아이콘을 삽입한 다음 문제 번호를 입력

③ 이미지를 [슬라이드 2]에 배치한 후 자르기 기능으로 눈, 코, 입만 남기기

④ 작업이 완료된 [슬라이드 2]를 복제하여 [슬라이드 3]에 텍스트 상자, 아이콘, 그림 삽입

 TIP '정답'이 입력된 부분은 아이콘(대화)를 추가해 만들었어요!

⑤ [슬라이드 2]와 [슬라이드 3]을 복제하여 나머지 퀴즈 만들기

⑥ 모든 슬라이드에 다양한 슬라이드 전환 효과 적용

09 CHAPTER

조심조심 악어 이빨 뽑기

인터넷 ··· 악어의 서식지를 찾아 이미지를 복사해요.

파워포인트 ··· 애니메이션을 이용해 악어 이빨 뽑기 게임을 만들어요.

📁 실습 및 완성파일 [Chapter 09] 폴더

오늘의 OXOX   악어는 두 발로 걸을 수 없을까?

당연하지! 악어는 기어서 다니거나 네 발로 다니는 동물이야

VS

아니야, 밤에는 아주 빠르게 두 발로 걸어다녀

01 [Chapter 09]–'악어이빨뽑기.pptx' 파일을 불러온 다음 [홈] 탭에서 [선택]–[선택창]을 클릭합니다.

02 우측에 [선택] 창이 활성화되면 각 개체를 선택해 이름을 확인해 보세요.

> **TIP** 악어 이빨 뽑기 게임을 만들기 위해 이빨의 위치와 이름을 익혀두는 것이 좋아요!

03 1번 이빨을 선택한 후 [애니메이션] 탭–[애니메이션 추가]–[추가 끝내기 효과]를 클릭합니다.

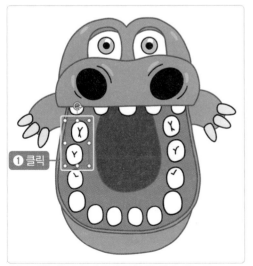

04 [온화한 효과]에서 [하강]을 선택하고 <확인>을 클릭합니다.

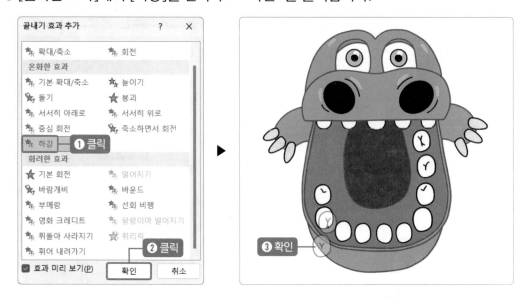

05 똑같은 방법으로 2번 이빨, 3번 이빨, 4번 이빨, 5번 이빨, 6번 이빨에 각각 [하강] 애니메이션을 추가해 보세요.

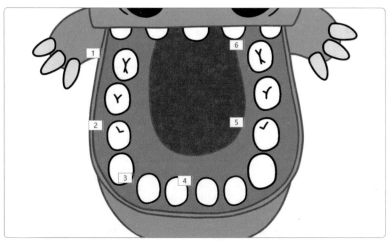

TIP 이빨 이름의 순서대로 애니메이션 추가 작업을 해주세요!

STEP 2 애니메이션의 효과 옵션 변경하기   파워포인트

01 [애니메이션] 탭에서 [애니메이션 창]을 클릭하여 오른쪽 창을 활성화시킵니다.

02 1번 이빨부터 6번 이빨까지 애니메이션이 적용된 것을 확인한 다음 [1번 이빨] 항목을 더블클릭합니다.

03 [타이밍] 탭에서 1번 이빨을 클릭하면 효과가 시작되도록 [시작 옵션]을 변경합니다.

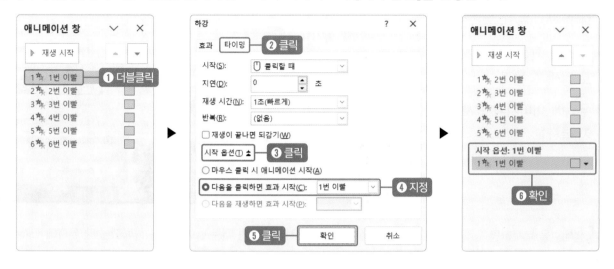

04 똑같은 방법으로 2번 이빨 ~ 6번 이빨의 애니메이션 효과 옵션을 변경해 보세요.

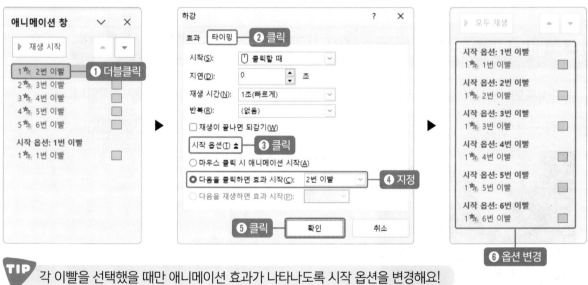

TIP 각 이빨을 선택했을 때만 애니메이션 효과가 나타나도록 시작 옵션을 변경해요!

05 F5를 눌러 슬라이드 쇼가 실행되면 선택한 악어 이빨이 사라지는 것을 확인합니다.

01 네이버(www.naver.com)에 접속

02 악어의 서식지를 고화질 이미지로 검색 후 클릭

03 우측에 이미지가 표시되면 [이미지 복사]

> **TIP** 썸네일을 복사하면 슬라이드 배경으로 넣었을 때 그림이 깨져보이기 때문에 이미지를 클릭했을 때 우측에 크게 표시된 이미지를 복사하도록 해요!

STEP 4 배경에 그림을 채우고 하이퍼링크 적용하기　파워포인트

01 슬라이드의 바깥쪽(회색 부분)을 마우스 오른쪽 버튼으로 눌러 [배경 서식]을 클릭합니다.

02 [그림 또는 질감 채우기] 항목을 선택한 후 <클립보드>를 클릭하여 배경을 채워줍니다.

03 임의의 이빨을 마우스 오른쪽 버튼으로 눌러 [하이퍼링크]를 클릭합니다.

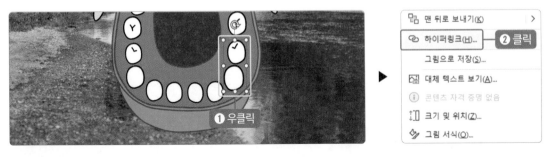

> **TIP** 해당 위치의 이빨을 클릭하면 악어가 입을 다물도록 만들어 줄 거예요!

04 하이퍼링크 삽입 위치를 [마지막 슬라이드]로 지정한 후 <확인>을 클릭합니다.

05 아래 그림을 참고하여 [슬라이드 2]를 꾸며보세요.

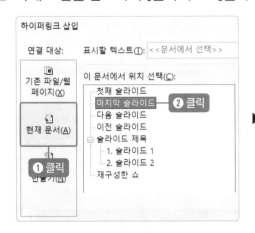

❸ 배경 추가

❹ 도형 삽입

❺ 텍스트 추가

 배경에 그림을 채우고 도형에 내용을 입력해 자유롭게 꾸며보세요. 책에서는 도형에 투명도를 지정했어요!

파워포인트 2021을 이용해 학교 청소 슬라이드를 만들어 보세요.

📁 **실습 및 완성파일** [Chapter 09]–[연습문제] 폴더

작성 조건 ★
▸ 슬라이드 주변의 쓰레기를 배치한 후 [애니메이션] 탭에서 다양한 끝내기 애니메이션을 추가
▸ 각 개체를 클릭했을 때 사라지도록 애니메이션 옵션을 변경
■ 55페이지를 참고해 애니메이션 옵션을 변경해 보세요!

멋진 건축물, 세계 랜드마크

10 CHAPTER

인터넷 ··· 각 나라의 랜드마크 이미지를 저장해요.
인공지능 ··· 번역기를 이용해 나라 이름을 영어로 바꿔요.
파워포인트 ··· 추가 기능으로 국기 이모지를 삽입해요.

오늘의 작품

📁 실습 및 완성파일 [Chapter 10] 폴더

오늘의 TOON   이모지에 대해 알아보아요!

이모지는 감정이나 생각을 그림 아이콘으로 표현하는 도구예요. 예를 들어 ☺는 '행복', 🐱는 '고양이'를 나타내죠. 이모지를 잘 사용하면 더 친근한 느낌의 문자를 만들 수 있어요!

01 네이버(www.naver.com)에 접속

02 피라미드 고화질 이미지를 찾아 [이미지를 다른 이름으로 저장]

 TIP 찾기 쉬운 경로에 저장해 보세요!

03 중국 만리장성, 인도 타지마할, 그리스 산토리니 이미지 저장

01 번역기 검색 후 각 나라의 이름을 번역

02 번역된 내용을 복사(Ctrl+C)

01 [Chapter 10]–'랜드마크.pptx' 파일을 불러온 후 Ctrl + V 를 눌러 번역된 내용을 붙여 넣어줍니다.

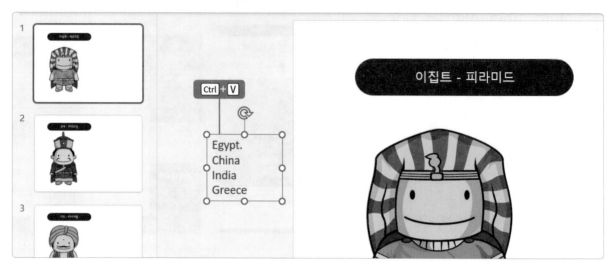

> **TIP** 복사된 글상자를 슬라이드 바깥쪽으로 이동한 후 작업을 이어가요!

02 [홈] 탭–[추가 기능]을 클릭한 후 emoji를 검색하여 기능을 <추가>합니다.

03 [삽입] 탭에서 추가된 [Emoji Keyboard] 메뉴를 확인할 수 있습니다.

> **TIP** 파워포인트에서 [추가 기능]은 기본 제공되는 기능 외에 사용자가 필요에 따라 추가할 수 있는 새로운 도구를 의미해요. 다만, 이 기능은 하위 버전에서는 지원되지 않을 수 있으니 참고해 주세요!

04 번역된 이집트 텍스트를 복사한 후 이모지 검색 창에 붙여넣기하여 이집트 국기를 추가합니다.

TIP 글자 뒤에 마침표가 찍힌다면 지워주세요. 영어 입력이 자신있다면 키보드로 직접 입력해도 좋아요!

05 추가된 그림의 크기와 위치를 아래와 같이 조절한 다음 [그림 서식] 탭에서 원하는 [그림 스타일]을 선택해 예쁘게 꾸며봅니다.

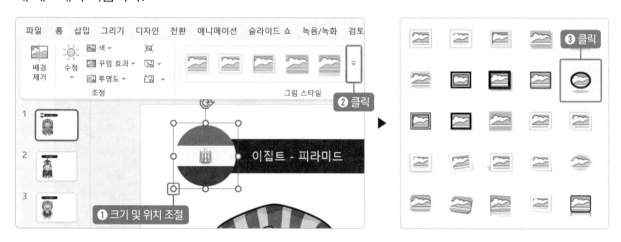

06 똑같은 방법으로 [슬라이드 2] ~ [슬라이드 4]에도 나라별 국기를 넣고, 그림 스타일을 지정합니다.

TIP [슬라이드 1] 주변에 배치된 영어 이름을 복사하여 이모지를 검색해 보세요!

01 [슬라이드 1]을 선택한 후 [디자인] 탭을 클릭합니다.

02 원하는 테마를 마우스 오른쪽 버튼으로 눌러 [선택한 슬라이드에 적용]을 클릭합니다.

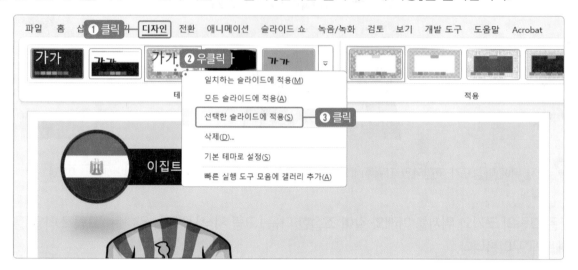

03 나머지 슬라이드에도 테마를 각각 적용해 보세요.

04 [홈] 탭에서 글꼴 서식을 자유롭게 변경해 슬라이드를 보기 좋게 만들어줍니다.

TIP 파워포인트에서 테마는 전체적인 디자인을 설정하는 요소라고 볼 수 있어요. 슬라이드의 색상, 효과, 글꼴, 배경 스타일 등을 한 번에 변경할 수 있는 편리한 도구이지요!

05 각 슬라이드마다 알맞은 랜드마크 이미지를 삽입한 후 그림 스타일을 적용해 작품을 완성합니다.

TIP 59페이지에서 그림을 저장했던 경로를 찾아 랜드마크 그림을 삽입해 보세요. 필요에 따라 자르기 기능으로 그림에서 불필요한 부분을 잘라내도 좋아요!

나만의 작품

파워포인트 2021의 추가 기능(Emoji Keyboard)을 이용해 이모지 카드를 완성해요.

📁 **실습 및 완성파일** [Chapter 10]–[연습문제] 폴더

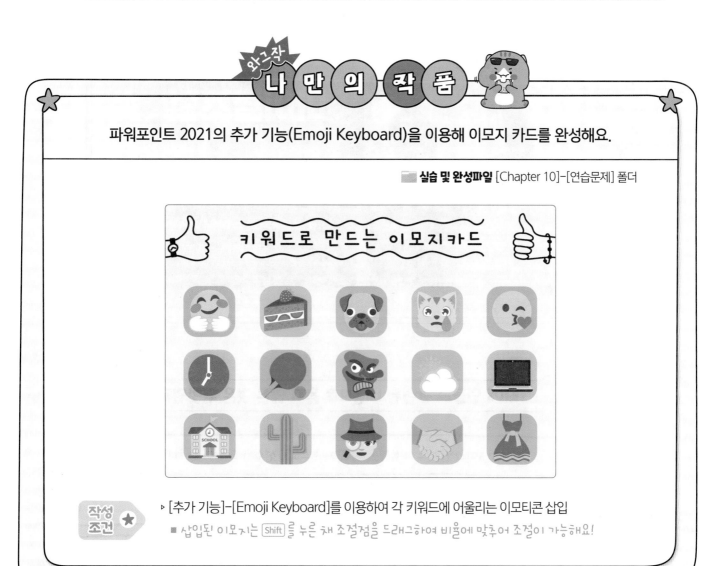

작성조건 ▶ [추가 기능]–[Emoji Keyboard]를 이용하여 각 키워드에 어울리는 이모티콘 삽입
　　　　　■ 삽입된 이모지는 Shift 를 누른 채 조절점을 드래그하여 비율에 맞추어 조절이 가능해요!

11 CHAPTER

나의 최애 인물은?

인터넷 ··· 좋아하는 인물의 이미지를 찾아 저장해요.

인공지능 ··· 챗GPT를 통해 인물의 업적을 간단하게 정리해요.

파워포인트 ··· 도형, 그림, 텍스트를 활용하여 최애 인물을 소개해요.

 오늘의 작품

📁 **실습 및 완성파일** [Chapter 11] 폴더

 오늘의 QUIZ **최애 인물과 관련된 내용으로 옳지 않은 것은 무엇일까?**

최애 인물이라면 반드시 유명 연예인이나 스포츠 선수가 되어야만 해!

최애 인물이란 내가 특별히 좋아하거나 애정을 느끼는 사람을 뜻해!

나의 성격, 성취, 가치관, 외모, 행동 등 다양하게 고려해서 최애 인물을 고를 수 있어!

01 [Chapter 11]–'나의 최애 인물.pptx' 파일을 불러온 다음 [삽입] 탭–[도형]에서 '직사각형'을 아래와 같이 삽입합니다.

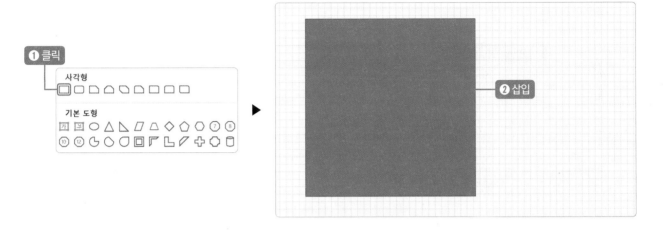

02 [도형 서식] 탭–[도형 채우기]에서 흰색을 선택합니다.

03 이번에는 [도형 윤곽선]–[다른 윤곽선 색]을 클릭하여 원하는 색을 적용해 봅니다.

> **TIP** 윤곽선의 색상은 진한 계열의 색으로 선택해 주세요.

04 [도형 윤곽선]–[두께]–[3pt]와 원하는 모양의 [대시]를 지정합니다.

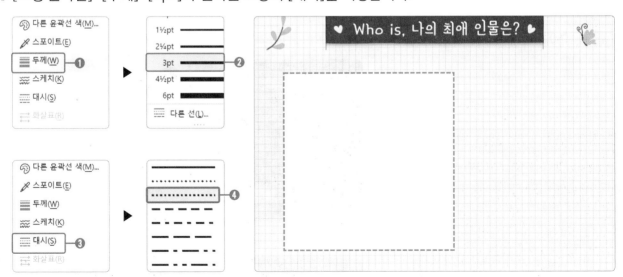

05 Ctrl + Shift 를 누른 채 도형을 오른쪽으로 드래그하여 복사한 뒤 도형을 윤곽선과 동일한 색으로 변경합니다.

06 색이 채워진 도형의 가로 길이를 적당하게 조절합니다.

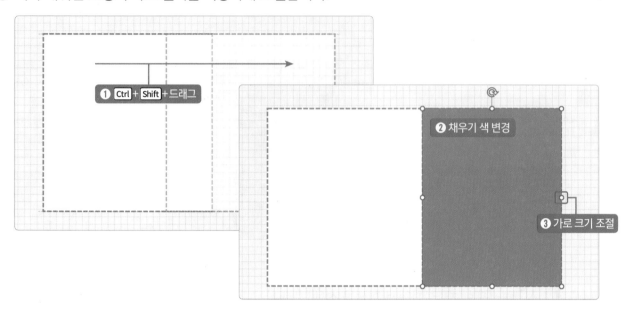

TIP 왼쪽 도형에는 최애 인물 이미지를, 오른쪽 도형에는 내용을 넣을 거예요!

STEP 2 최애 인물 검색 후 이미지 복사하기 인터넷

01 네이버(www.naver.com)에 접속

02 좋아하는 인물의 고화질 이미지를 검색 후 클릭

03 우측에 크게 표시된 [이미지 복사]

TIP 저작권의 문제로 책에서는 별도의 이미지를 사용했으며, [Chapter 11] 폴더에 교재와 동일한 이미지가 있습니다!

01 복사한 이미지를 슬라이드에 붙여넣기(Ctrl+V)한 후 [그림 서식] 탭-[배경 제거]를 클릭합니다.

02 [배경 제거] 탭이 활성화되면 [보관할 영역 표시]와 [제거할 영역표시] 기능을 이용해 인물만 남기고 지워줍니다.

▲ [보관할 영역 표시(⊕)] 기능으로 포함시킬 영역을 드래그

▲ [제거할 영역 표시(⊝)] 기능으로 투명하게 적용할 영역을 드래그

 [배경 제거]를 클릭했을 때 자주색으로 표시되는 부분이 제거될 영역이니 작업에 참고해요!

03 작업이 완료되면 Esc를 눌러 변경된 내용을 적용시킨 후 인물 사진을 복사합니다.

TIP Ctrl을 누른 채 그림을 드래그하여 쉽게 복사할 수 있어요!

04 뒤쪽에 배치될 이미지를 선택한 후 [그림 서식] 탭에서 [투명도]를 80% 정도로 선택합니다.

05 투명도가 적용된 그림의 크기를 변경한 다음 [그림 서식]-[자르기] 기능을 이용해 불필요한 부분을 잘라 내고 배치합니다.

06 원본 이미지도 똑같은 방법으로 잘라낸 후 배치합니다.

TIP 원본 이미지가 뒤쪽에 배치된다면, 마우스 오른쪽 버튼을 눌러 [맨 앞으로 가져오기]를 작업해 주세요!

01 챗GPT(chatgpt.com)에 접속

02 필요한 내용을 입력

무엇을 도와드릴까요?

마이클조던 프로필을 간단하게 알려줘. — 입력 후 Enter

03 표시된 내용을 확인

04 챗GPT에게 내용 정리를 요청

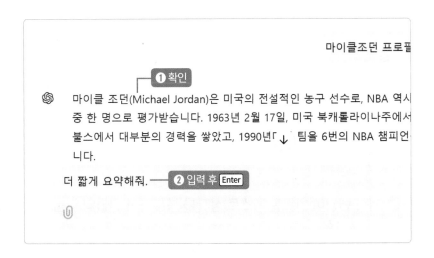

마이클조던 프로필

❶ 확인

마이클 조던(Michael Jordan)은 미국의 전설적인 농구 선수로, NBA 역사
중 한 명으로 평가받습니다. 1963년 2월 17일, 미국 북캐롤라이나주에서
불스에서 대부분의 경력을 쌓았고, 1990년 ↓ 팀을 6번의 NBA 챔피언
니다.

더 짧게 요약해줘. — ❷ 입력 후 Enter

TIP 긴 내용을 요약하여 명함에 들어갈 짧은 프로필만 남겨보세요. 추가 명령을 통해 점차 간결하게 정리할 수 있습니다!

05 원하는 문장을 블록으로 지정하
여 복사(Ctrl+C)

ChatGPT 4o mini ∨

마이클 조던은 NBA 6회 우승과 5회 MVP를 차지한 농구 전설입니다.

"

마이클 조던은 NBA 6회 우승한 농구 전설입니다. — ❶ 블록 지정

↓

❷ Ctrl+C

메시지 ChatGPT

01 복사한 내용을 슬라이드에 붙여넣기([Ctrl]+[V])한 후 글꼴 서식을 변경합니다.

TIP 챗GPT의 요약 내용이 어색한 부분은 수정하고, 추가할 내용이 있다면 입력해 보세요!

02 서식 변경이 완료된 텍스트 상자를 복사하여 인물의 이름으로 수정합니다.

파워포인트 2021의 배경 제거 기능을 이용하여 캐릭터 모음을 만들어 보세요.

📁 **실습 및 완성파일** [Chapter 11]-[연습문제] 폴더

별의컵

스폰지라면

도라몽

메인크래프트

**작성
조건** ⭐
▸ 인터넷에서 좋아하는 캐릭터 사진 4장을 저장하기
▸ [그림 서식] 탭-[배경 제거] 기능으로 배경의 주변을 투명하게 바꾸고 배치
▸ 입력된 텍스트상자에 캐릭터 이름을 입력하 후 글꼴 서식 변경하기

두근두근 인형뽑기

인터넷 ··· 귀여운 캐릭터 인형 이미지를 찾아 저장해요.

인공지능 ··· 이미지의 배경을 AI로 손쉽게 제거해요.

파워포인트 ··· 슬라이드를 복제해 인형뽑기 애니메이션을 완성해요.

📁 **실습 및 완성파일** [Chapter 12] 폴더

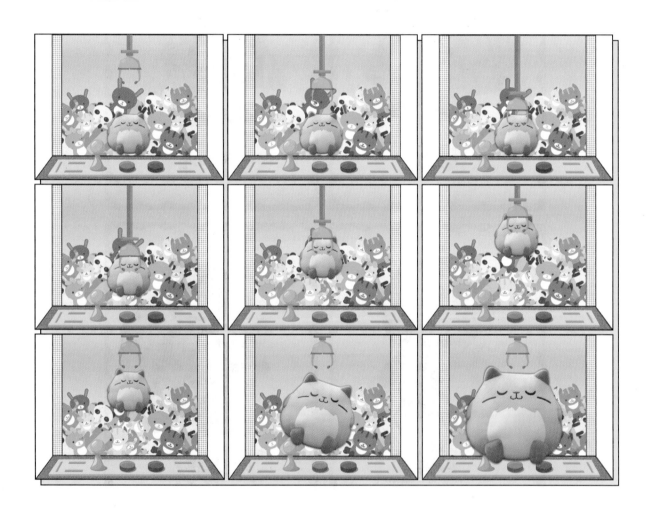

오늘의 OXOX 스톱모션으로 애니메이션을 만들 수 있다?

맞아, 스톱모션은 조금씩 움직이는 장면을 이어 붙이는 애니메이션 기법이야.

VS

아니야, 애니메이션에는 꼭 움직이는 물체가 등장해야 해.

72

01 [Chapter 12]-'인형뽑기.pptx' 파일을 불러온 다음 [삽입] 탭-[도형]에서 '사다리꼴'을 아래와 같이 삽입합니다.

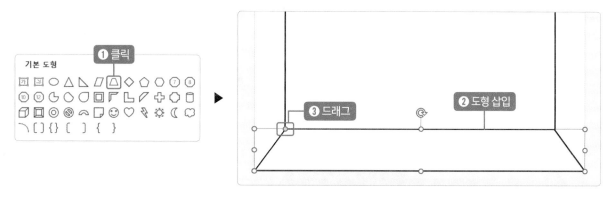

TIP 삽입된 도형의 노란색 조절점으로 모양을 변형하여 입체적인 모양으로 만들어 보세요!

02 [도형 서식] 탭-[도형 채우기]에서 원하는 질감을 선택해 보세요.

03 이번에는 삽입되어 있는 직사각형 도형을 복사한 후 아래와 같이 크기와 위치를 맞춰줍니다.

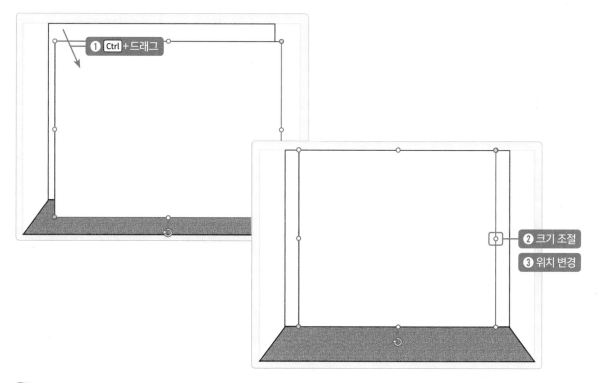

TIP [Ctrl]을 누른 채 도형을 드래그하여 복사할 수 있어요!

04 뒤쪽에 배치된 직사각형 위에서 마우스 오른쪽 버튼을 눌러 [도형 서식]을 클릭한 다음 원하는 색상과 모양으로 패턴을 만들어 보세요.

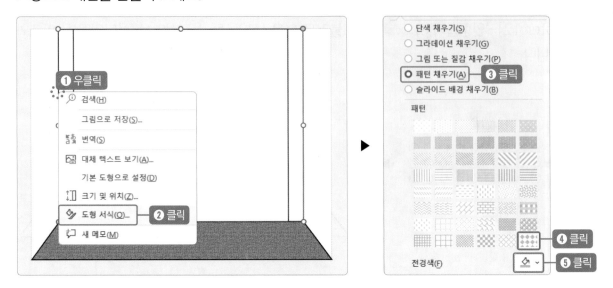

05 그라데이션을 적용하기 위해 앞쪽 직사각형을 선택한 다음 [그라데이션 채우기]에서 원하는 색상을 클릭합니다.

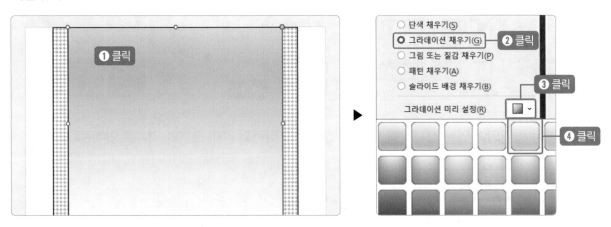

06 [슬라이드 2]에서 아래와 같이 인형과 조이스틱 이미지를 불러와 배치합니다.

> **TIP** · 필요한 이미지를 선택한 다음 복사(Ctrl+C) 후 [슬라이드 1]을 선택하여 붙여넣기(Ctrl+V)해요!
> · 그림을 선택한 후 방향키(←, →, ↑, ↓)를 눌러 위치를 세밀하게 조절할 수 있어요!

STEP 2 캐릭터 인형을 검색해 원하는 이미지 저장하기

01 네이버(www.naver.com)에 접속

02 캐릭터 인형 이미지를 찾아 [이미지를 다른 이름으로 저장]

> **TIP** 저작권의 문제로 책에서는 별도의 이미지를 사용했으며, [Chapter 12] 폴더에 교재와 동일한 이미지가 있습니다!

STEP 3 인형 주변을 투명하게 만들기

01 리무브비지(remove.bg/ko)에 접속

02 <이미지 업로드>를 클릭

03 인형 이미지가 저장된 경로를 찾아 업로드

04 배경이 투명하게 바뀐 이미지를
<다운로드>

TIP 배경 제거가 제대로 되지 않았다면 다른 이미지를 불러와 작업해 보세요!

STEP 4 슬라이드를 복제하여 인형뽑기 효과 적용하기 파워포인트

01 [슬라이드 2]를 선택한 후 배경이 투명하게 지정된 인형 그림을 삽입합니다.

02 [그림 서식] 탭에서 [그림 효과]-[그림자]에서 원하는 효과를 선택합니다.

TIP 책에서는 [그림자]-[바깥쪽]-[가운데] 효과를 지정했어요!

03 [슬라이드 2]에서 집게를 가져와 아래 그림처럼 배치해줍니다.

TIP 집게의 크기는 조절하지 않고 슬라이드 중앙 맨 위쪽으로 위치를 변경해요!

04 [슬라이드 1]을 복제한 후 집게 위치를 아래로 조금 이동시킵니다.

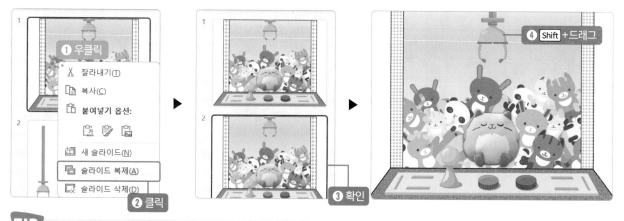

TIP Shift 를 누른 채 이미지를 아래쪽으로 드래그하면 반듯하게 이동할 수 있어요!

05 이번에는 [슬라이드 2]를 복제하여 집게 위치를 아래로 이동시킵니다.

06 똑같은 방법으로 슬라이드를 복제하여 애니메이션의 장면을 만들어 보세요.

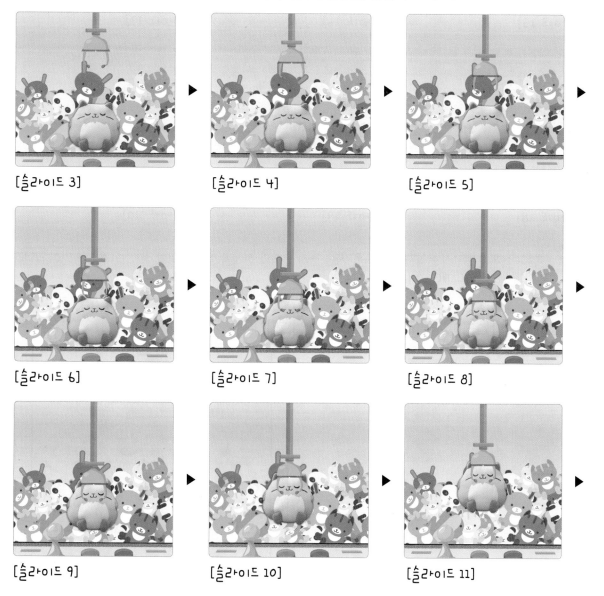

[슬라이드 3] [슬라이드 4] [슬라이드 5]

[슬라이드 6] [슬라이드 7] [슬라이드 8]

[슬라이드 9] [슬라이드 10] [슬라이드 11]

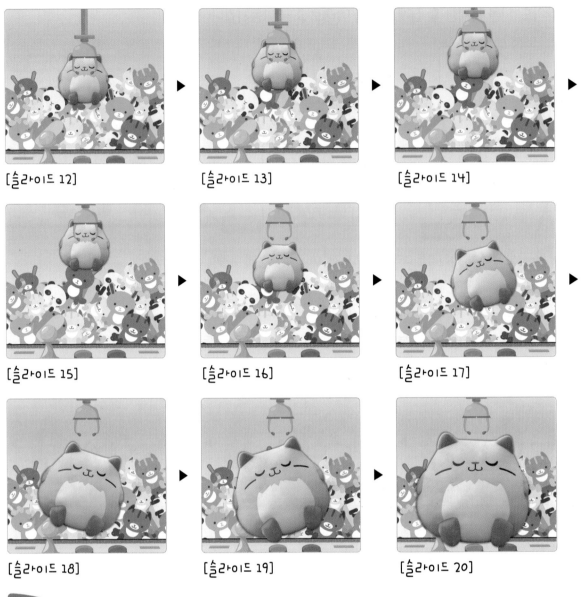

[슬라이드 12] ▶ [슬라이드 13] ▶ [슬라이드 14] ▶

[슬라이드 15] ▶ [슬라이드 16] ▶ [슬라이드 17] ▶

[슬라이드 18] ▶ [슬라이드 19] ▶ [슬라이드 20]

TIP 인형이 집게에 매달려 올라갈 때는 Shift 키를 눌러 인형과 집게를 함께 선택할 수 있습니다. 장면이 많아질수록 자연스러운 애니메이션이 완성될 거예요!

07 불필요한 마지막 슬라이드는 Delete 를 눌러 삭제해줍니다.

08 [슬라이드 1]의 축소판 그림창을 클릭한 후 ⌃Ctrl+Ⓐ를 눌러 모든 슬라이드를 선택합니다.

09 [전환] 탭에서 화면 전환 타이밍을 '다음 시간 후', '0.4'로 지정합니다.

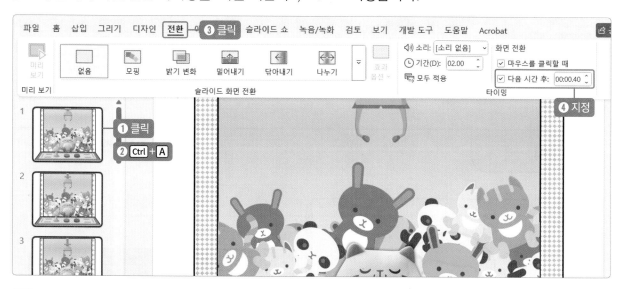

TIP F5를 눌렀을 때 자동으로 슬라이드가 전환하면서 애니메이션이 재생되는 것을 확인해 보세요!

나 만 의 작 품

파워포인트 2021에서 스톱모션 애니메이션을 완성해 보세요.

📁 **실습 및 완성파일** [Chapter 12]-[연습문제] 폴더

작성 조건 ★
▸ [슬라이드 1]을 복제한 후 개체(머리, 몸통, 손 등)를 변형하기
■ 마지막 슬라이드를 복제하여 개체 변형을 반복하면서 자연스러운 스톱모션 애니메이션을 만들어 보세요!

13 CHAPTER

쓱싹쓱싹 라인드로잉 아트

인터넷 ··· 좋아하는 인물 사진을 찾아 저장해요.

파워포인트 ··· 그리기 도구로 라인드로잉 아트를 완성해요.

오늘의 작품

실습 및 완성파일 [Chapter 13] 폴더

오늘의 TOON 트레이싱 기법으로 그림을 그린다고?

드레이싱 기법은 다른 그림을 따라 그리는 방법이에요.
그림을 종이에 올려 놓고 그 위에 선을 따라 그려서, 비슷한 그림을 쉽게 만들 수 있지요!

01 네이버(www.naver.com)에서 라인드로잉 검색 후 [지식백과] 탭 클릭

02 라인드로잉과 관련된 내용 살펴보기

03 네이버 검색 탭으로 돌아가 [이미지] 탭 클릭

04 다양한 라인드로잉 작품을 살펴보기

05 라인드로잉 아트를 위한 이미지를 검색 후 저장하기

TIP 배우, 아이돌, 운동선수 등 평소에 좋아하던 인물을 검색한 후 세로로 된 고화질 이미지를 저장해 보세요!

01 파워포인트 2021 프로그램을 실행한 다음 [새 프레젠테이션]을 클릭합니다.

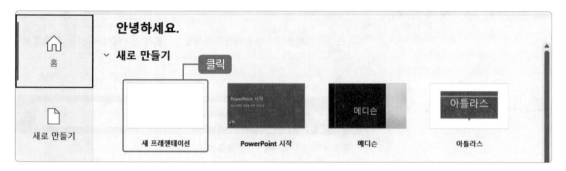

02 [디자인] 탭에서 [슬라이드 크기]-[사용자 지정 슬라이드 크기]를 선택합니다.

03 슬라이드 크기와 슬라이드 방향을 변경한 후 <확인>을 클릭합니다.

04 슬라이드의 빈 곳 위에서 마우스 오른쪽 버튼을 눌러 [레이아웃]-[빈 화면]을 클릭합니다.

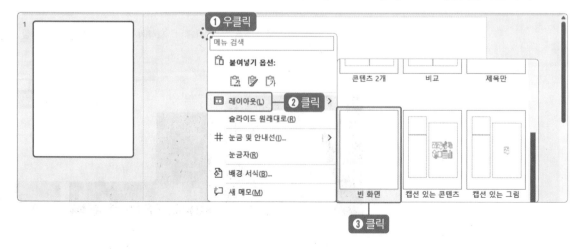

01 81페이지에서 저장했던 그림을 불러와 [그림 서식]–[자르기] 기능으로 상반신만 표시되도록 잘라줍니다.

 ▶  ▶

TIP 주변이 잘려나간 그림을 확대하여 슬라이드 크기에 맞춰주세요. 만약 비율이 맞지 않을 경우 자르기 기능을 추가로 작업해 보세요!

02 그림이 선택된 상태에서 [그림 서식] 탭–[투명도]를 적당하게 조절합니다.

03 [그리기] 탭–[펜]을 선택해 원하는 색상과 두께를 선택합니다. 그림의 윤곽을 따라 라인을 그려봅니다.

TIP [Ctrl]을 누른 채 마우스 휠을 굴려 작업 화면을 확대하거나 축소할 수 있어요!

04 펜의 두께를 바꿔가면서 라인드로잉을 완성한 후 뒤쪽 이미지를 삭제합니다.

TIP 얼굴 표정을 그릴 때는 한 단계 얇은 두께의 펜을 이용했어요!

4 슬라이드 복제 후 배경에 질감 적용하기 파워포인트

01 Ctrl+A를 눌러 모든 선이 선택되면 모든 선을 그룹으로 지정합니다.

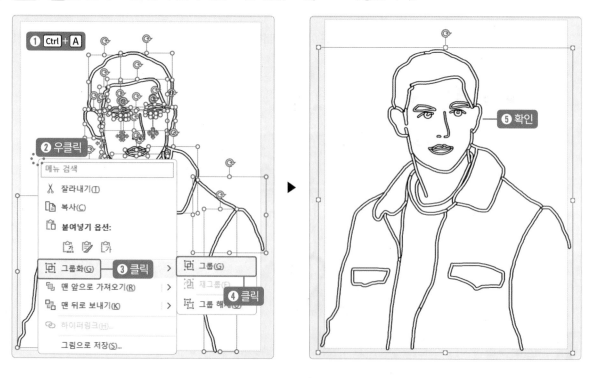

84

02 첫 번째 슬라이드를 복제한 후 [슬라이드 2]에서 [배경 서식]을 클릭합니다.

03 [그림 또는 질감 채우기]에서 원하는 질감을 선택하여 작품을 완성합니다.

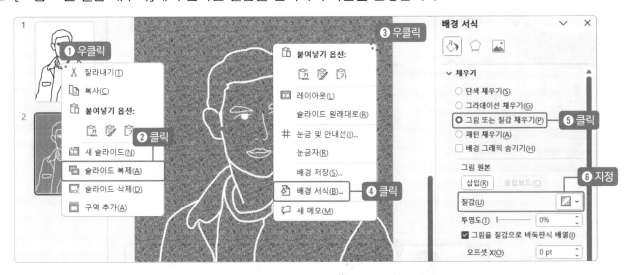

TIP 펜으로 그린 그림을 선택한 후 [도형 서식] 탭-[도형 윤곽선]에서 색상을 변경할 수 있어요!

나만의 작품

파워포인트 2021의 그리기 기능을 이용해 트리를 그려보세요.

📁 **실습 및 완성파일** [Chapter 13]-[연습문제] 폴더

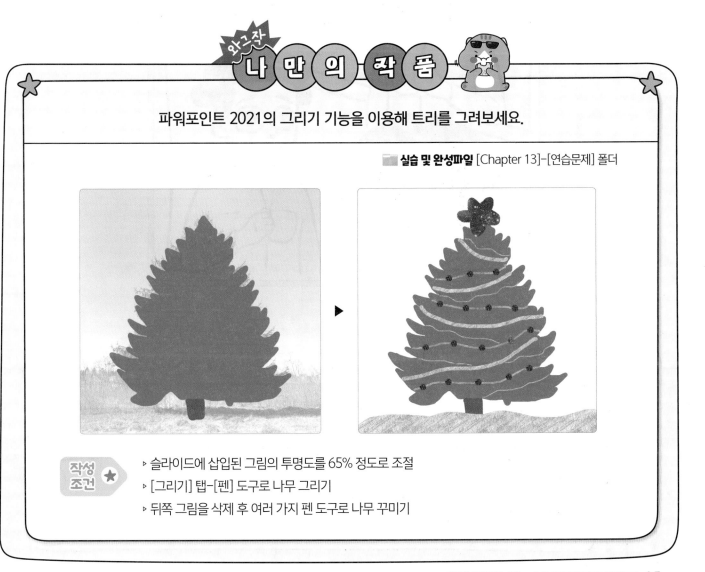

작성 조건 ★
▹ 슬라이드에 삽입된 그림의 투명도를 65% 정도로 조절
▹ [그리기] 탭-[펜] 도구로 나무 그리기
▹ 뒤쪽 그림을 삭제 후 여러 가지 펜 도구로 나무 꾸미기

14 CHAPTER

웹툰 스타일로 2행시 밈 만들기

인공지능 ··· 챗GPT를 통해 2행시를 지어요.
파워포인트 ··· 만화 캐릭터 아이콘과 점 편집 기능을 활용해 밈을 완성해요.

오늘의 작품

📁 실습 및 완성파일 [Chapter 14] 폴더

오늘의 QUIZ **밈(Meme)과 관련된 내용 중 옳지 않은 것은 무엇일까?**

 밈은 인터넷에서 주로 사용되는 짧은 유머 콘텐츠로 빠르게 유행한다는 특징이 있어!

밈은 대체로 유명하기 때문에 남녀노소 모두 쉽게 이해하고 즐거워할 수 있지!

 허위 정보나 비하 내용을 담고 있는 밈은 피하고 사용하도록 해!

01 챗GPT(chatgpt.com)에 접속

02 필요한 내용을 입력

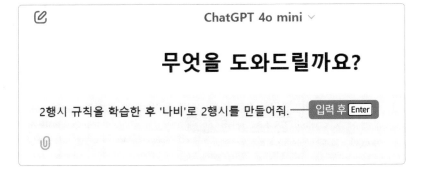

무엇을 도와드릴까요?

2행시 규칙을 학습한 후 '나비'로 2행시를 만들어줘. ── 입력 후 [Enter]

03 표시된 내용을 확인

04 원하는 2글자 단어를 이용하여 2행시 요청

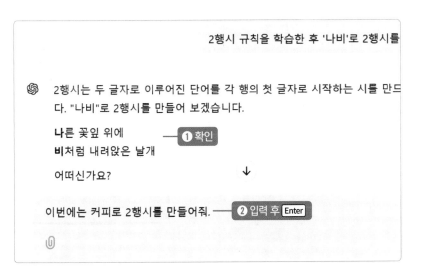

2행시 규칙을 학습한 후 '나비'로 2행시를

2행시는 두 글자로 이루어진 단어를 각 행의 첫 글자로 시작하는 시를 만드□다. "나비"로 2행시를 만들어 보겠습니다.

나른 꽃잎 위에 ── ❶ 확인
비처럼 내려앉은 날개

어떠신가요? ↓

이번에는 커피로 2행시를 만들어줘. ── ❷ 입력 후 [Enter]

> **TIP** 마음에 드는 결과가 표시될 때까지 명령을 해보세요!

05 원하는 내용이 표시되면 복사

ChatGPT 4o mini ∨

커: 커피 한 잔에
피: 피곤이 달아난다.

☐ ── 클릭

메시지 ChatGPT

> **TIP** 만약 챗GPT가 2행시 게임 규칙을 이해하지 못했다면 아래와 비슷한 방식으로 게임을 알려줄 수 있어요!

질문 예   2행시를 예로 들어 알려줄게. 나 : 나의 이름은, 비 : 비밀이야

01 [Chapter 14]–'2행시 밈.pptx' 파일을 불러온 다음 [슬라이드 1]에 복사한 내용을 붙여넣기 (Ctrl+V)합니다.

02 삽입된 도형을 선택해 [도형 서식] 탭-[도형 편집]-[점 편집]을 클릭합니다.

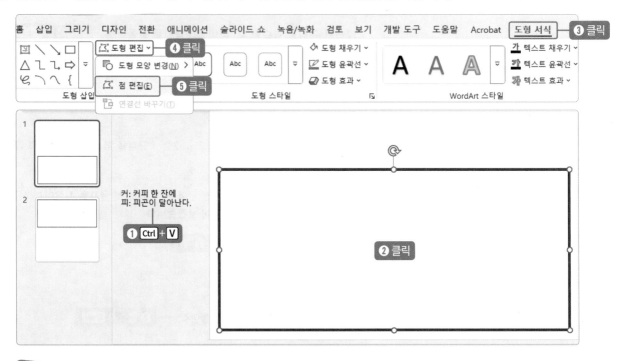

TIP 편리한 작업을 위해 2행시 텍스트 상자는 크기를 조절한 후 슬라이드 바깥쪽에 배치해 주세요!

03 점 편집 상태가 활성화되면 오른쪽 상단의 조절점을 위쪽으로 드래그합니다.

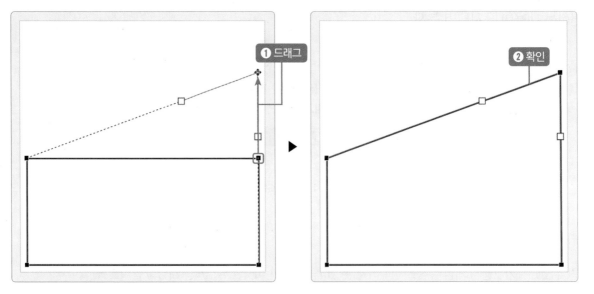

04 모양 변형이 완료되면 도형의 가운데 조절점을 드래그하여 도형 높이를 조절합니다.

05 [슬라이드 2]의 도형을 복사하여 [슬라이드 1]에 붙여넣어줍니다.

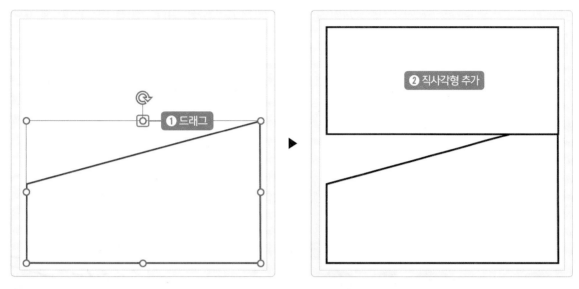

> **TIP** [삽입] 탭-[도형]에서 '직사각형'을 찾아 선택한 후 삽입하는 방법도 있어요!

06 [도형 편집]-[점 편집] 기능을 이용하여 위쪽 도형의 모양을 변형해 보세요.

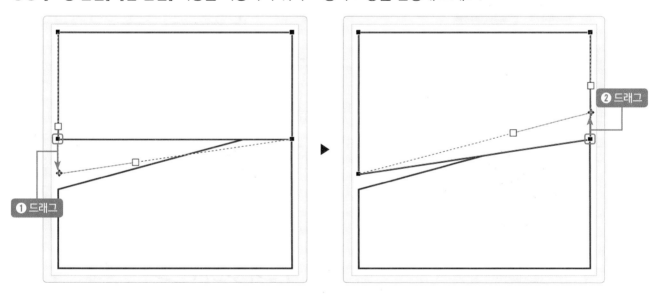

07 모양이 변형된 도형을 선택한 후 [도형 서식] 탭-[도형 윤곽선]-[스케치]를 지정해 손그림 느낌이 나도록 만들어줍니다.

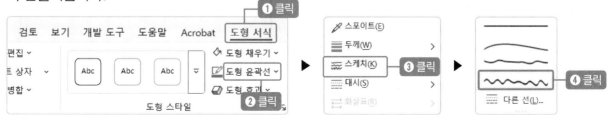

01 [삽입] 탭-[아이콘]을 클릭한 후 [만화 캐릭터]에서 머리, 얼굴, 상체 카테고리를 활용해 밈에 쓰일 캐릭터를 만들어 보세요.

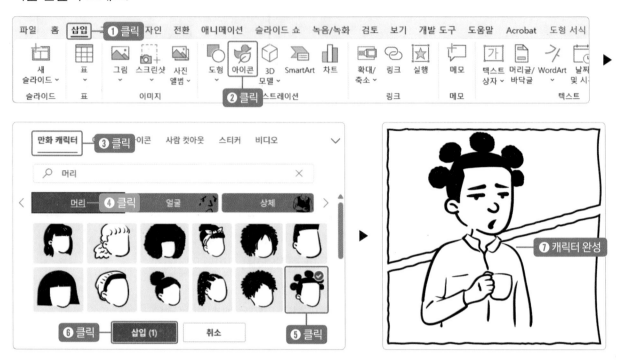

> **TIP** [맨 앞으로 가져오기] 작업을 통해 몸통, 머리, 얼굴 배치 순서를 맞춰주세요!

02 Shift를 누른 채 아이콘(머리, 얼굴, 상체)을 모두 선택한 그룹으로 지정한 후 캐릭터를 배치합니다.

> **TIP** Shift를 누른 채 아이콘의 대각선 조절점을 드래그하면 가로 세로 비율을 일정하게 조절할 수 있어요!

03 [삽입] 탭-[도형]에서 [설명선]-[말풍선: 타원형]을 삽입합니다.

04 챗GPT와 만든 2행시의 내용을 참고해 밈에 필요한 대사를 입력하고, 도형과 글꼴 서식을 자유롭게 바꿔보세요.

> **TIP**
> · [도형 윤곽선]-[스케치] 서식을 적용하여 손그림 느낌의 말풍선을 만들어 보세요!
> · 전체 글꼴을 먼저 변경한 후 맨 앞글자를 블록으로 지정하여 해당 글꼴 서식만 변경할 수 있어요!

05 [아이콘]-[만화 캐릭터]에서 아래쪽에 배치될 캐릭터를 만들고 그룹으로 지정합니다.

06 그룹으로 지정된 캐릭터를 선택한 후 [그래픽 형식]-[회전]-[좌우대칭]을 클릭하여 왼쪽을 향하도록 만들어줍니다.

07 캐릭터를 적당한 위치에 배치하고 말풍선을 작업하여 밈을 완성해 보세요.

> **TIP** 위쪽에 작업된 말풍선을 복사한 후 내용을 변경하면 쉽게 작업이 가능 해요!

와그작 나 만 의 작 품

파워포인트 2021과 챗GPT 기능으로 N행시를 만들어 보세요.

📁 **실습 및 완성파일** [Chapter 14]-[연습문제] 폴더

작성 조건 ★
▸ 챗GPT를 이용하여 내 이름으로 N행시 만들기
▸ [삽입] 탭-[아이콘], [도형]을 넣어 자유롭게 슬라이드 꾸미기

15 CHAPTER

우리 동네 드라이브하기

인터넷 ··· 네이버 지도를 살펴보고 우리 동네 지도를 이미지로 저장해요.

파워포인트 ··· 3D 모델과 애니메이션으로 드라이브 시뮬레이션을 완성해요.

오늘의 작품

📁 **실습 및 완성파일** [Chapter 15] 폴더

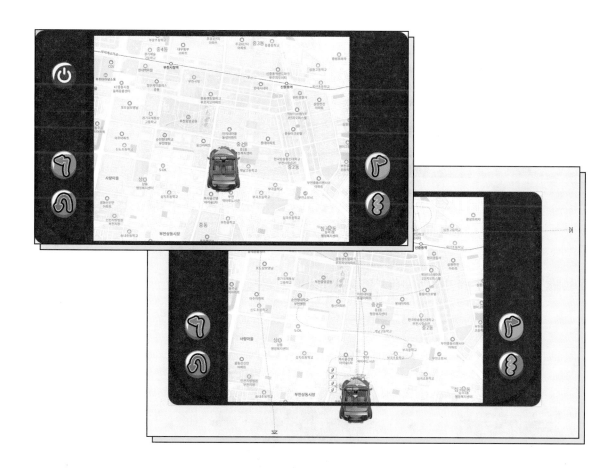

오늘의 QUIZ   **지도에 관련된 내용으로 옳지 않는 것은 무엇일까?**

지도를 잘 이용하면 우리 동네를 쉽게 이해하는 데 도움이 될 거야!

지도에서 공원, 산, 바다는 붉은색으로 표시되어 눈에 띄는 것 같아!

동네의 중심이 되는 지하철역과 큰 도로는 지도의 주요 부분에 잘 나타나 있어!

01 [Chapter 15]-'드라이브.pptx' 파일을 불러온 다음 [삽입] 탭에서 [3D 모델]을 클릭합니다.

02 검색 창에 'car'를 입력해 원하는 자동차 모델을 슬라이드에 <삽입>합니다.

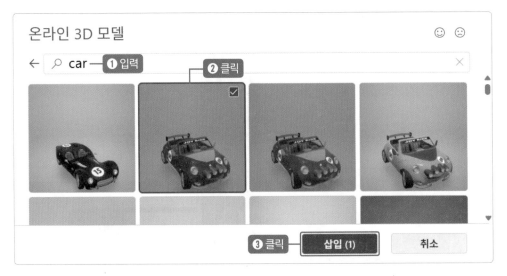

03 중앙에 회전핸들을 드래그하여 자동차의 윗면이 보이도록 맞춰줍니다.

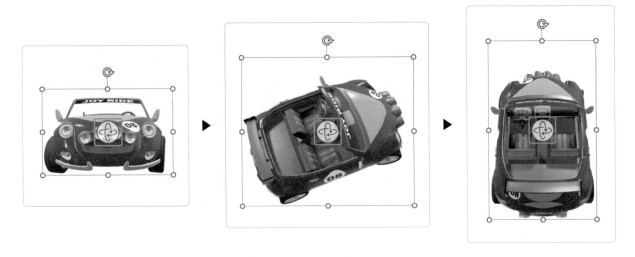

04 자동차의 크기와 위치를 아래와 비슷하게 변경합니다.

STEP 2 애니메이션 추가 후 시작 옵션 변경하기

01 자동차를 선택한 후 [애니메이션] 탭에서 [애니메이션 추가]-[사용자 지정 경로]를 찾아 선택합니다.

02 자동차가 좌회전하는 경로를 그려보세요.

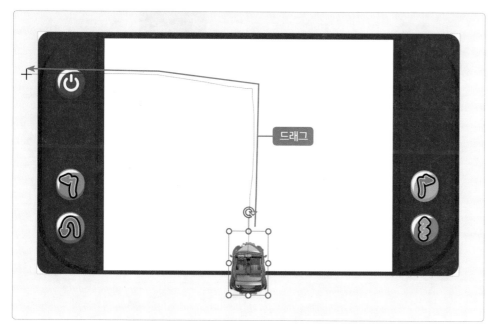

03 [애니메이션] 탭-[애니메이션 창]을 클릭하여 우측 작업 창이 활성화되면 표시된 애니메이션을 더블클릭합니다.

04 [타이밍] 탭을 클릭하여 재생 시간과 시작 옵션을 아래와 같이 지정합니다.

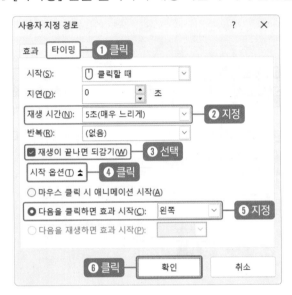

> **TIP** F5를 눌러 슬라이드 쇼가 실행되면 좌회전 단추를 클릭했을 때 자동차가 왼쪽으로 움직이는지 확인해요!

05 이번에는 [애니메이션 추가]-[사용자 지정 경로] 기능을 이용하여 유턴하는 경로를 그려줍니다.

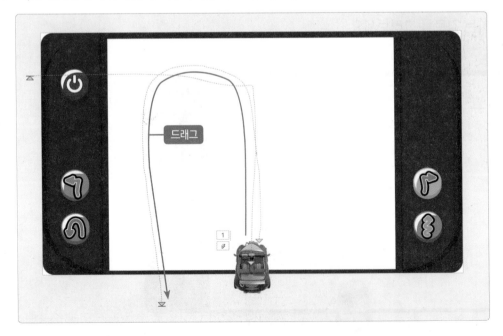

06 [애니메이션 창] 목록에서 시작 옵션이 지정되지 않은 애니메이션을 더블클릭한 후 재생 시간과 시작 옵션을 지정합니다.

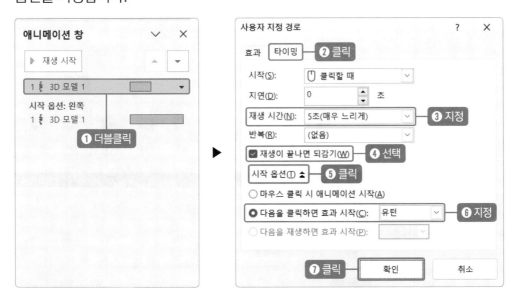

> **TIP** F5 를 눌러 슬라이드 쇼가 실행되면 유턴 단추를 클릭했을 때 자동차가 유턴하는지 확인해요!

07 [사용자 지정 경로]를 이용해 우회전, 지그재그 애니메이션을 적용해 보세요.

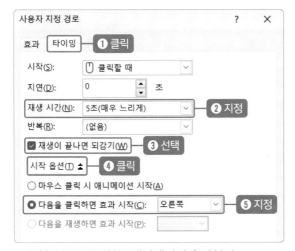
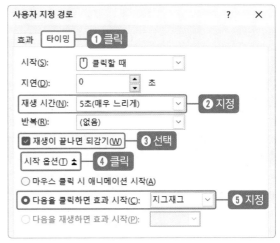

‣ 우회전으로 이동하는 애니메이션 추가하기
‣ 재생 옵션 타이밍에서 재생 시간과 시작 옵션 변경하기

‣ 지그재그로 이동하는 애니메이션 추가하기
‣ 재생 옵션 타이밍에서 재생 시간과 시작 옵션 변경하기

> **TIP** F5 를 눌러 슬라이드 쇼를 실행해 보세요. 전원 단추에는 미리 링크를 적용해놓았어요!

01 네이버(www.naver.com)에 접속

02 [지도] 탭 클릭

03 우리 동네를 검색 후 길찾기 상태 종료

04 왼쪽 탭 접기

05 지도에서 원하는 부분이 표시되 도록 맞추기

06 [다운로드]를 눌러 지도 저장

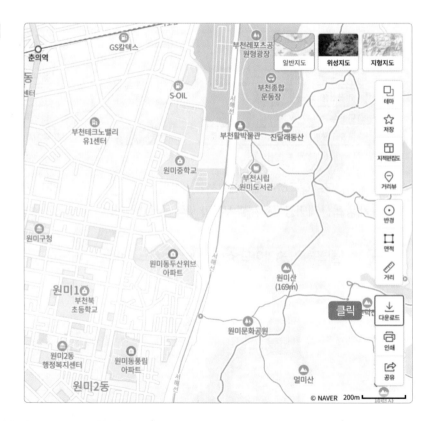

TIP 지도를 드래그하여 위치를 이동하며, 마우스 휠을 굴려 확대/축소가 가능해요!

STEP 4 지도를 슬라이드 배경으로 지정하기

01 자동차 위에서 마우스 오른쪽 버튼을 눌러 [맨 뒤로 보내기]를 지정합니다.

02 슬라이드의 빈 공간을 마우스 오른쪽 버튼으로 눌러 [배경 서식]을 클릭합니다.

03 [그림 또는 질감 채우기]를 클릭해 저장한 지도 이미지를 배경으로 지정해 보세요.

 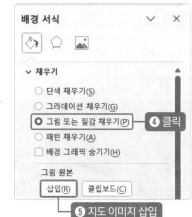

TIP 자동차를 [맨 뒤로 보내기] 작업하여 게임기 뒤쪽으로 숨길 수 있어요!

파워포인트 2021에서 3D 모델을 넣고 애니메이션을 적용해 보세요.

📁 **실습 및 완성파일** [Chapter 15]-[연습문제] 폴더

 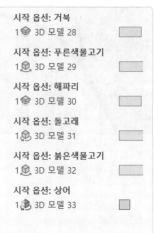

시작 옵션: 거북
1 🧊 3D 모델 28

시작 옵션: 푸른색물고기
1 🧊 3D 모델 29

시작 옵션: 해파리
1 🧊 3D 모델 30

시작 옵션: 돌고래
1 🧊 3D 모델 31

시작 옵션: 붉은색물고기
1 🧊 3D 모델 32

시작 옵션: 상어
1 🧊 3D 모델 33

작성 조건 ★
▷ [삽입] 탭 − [3D 모델]에서 'sea'를 검색해 3D 모델을 슬라이드에 삽입하기
▷ 각 개체에 애니메이션을 적용하고 버튼을 눌렀을 때 애니메이션이 실행되도록 옵션 변경하기

종 합 평 가
진주 귀걸이를 한 소녀 라인드로잉

인터넷 ··· 명화를 검색하여 이미지를 복사해요.

파워포인트 ··· 그리기 기능으로 명화를 트레이싱하여 멋진 작품을 만들어요.

📁 **실습 및 완성파일** [Chapter 16] 폴더

오늘의 작품

 **인터넷 작성조건**

① 네이버(www.naver.com)에서 '진주 귀걸이를 한 소녀'를 검색한 후 [지식 백과] 탭 클릭

② 지식백과에 표시된 내용을 확인한 후 명화 [이미지 복사]

 파워포인트 작성조건

① 파워포인트 2021 프로그램을 실행한 후 A4용지(세로), 레이아웃(빈 화면)을 지정

> **TIP** [디자인] 탭-[슬라이드 크기]에서 용지를 설정하고, 슬라이드 위에서 마우스 오른쪽 버튼을 눌러 [레이아웃]을 변경할 수 있어요!

② 복사한 이미지를 슬라이드에 붙여넣고 그림의 크기와 위치를 조절

③ [그림 서식] 탭에서 그림의 [투명도]를 50% 정도로 낮추기

④ [그리기] 탭에서 검정 펜을 선택한 후 두께를 조절하여 명화 따라 그리기

⑤ 검정 펜의 두께와 색상을 조절하면서 얼굴, 귀걸이, 패턴 등을 그리기

> **TIP** 완벽하게 그리지 않아도 충분히 멋진 작품이 완성될 거예요!

⑥ [Chapter 16] 폴더 안의 프레임 이미지를 슬라이드에 추가해 작품 완성

CHAPTER 17

야경이 아름다운 장소

인공지능	⋯ 챗GPT를 통해 야경이 아름다운 장소를 추천받아요.
인터넷	⋯ 야경 이미지를 찾아 저장해요.
파워포인트	⋯ 도형, 텍스트상자, 워드아트로 야경 애니메이션을 완성해요.

오늘의 작품

📁 **실습 및 완성파일** [Chapter 17] 폴더

홍콩의 빛,
빅토리아 피크

오늘의 TOON 　 챗GPT와 함께라면 나도 이제 척척박사!

챗GPT를 활용하면 멋진 야경 명소를 추천받고, 간접적으로 경험할 수 있어요.
또한, 현지 맛집 정보나 문화적 배경 등 유용한 여러 정보를 얻을 수 있답니다!

01 챗GPT(chatgpt.com)에 접속

02 필요한 내용을 입력

03 여행지와 관련해 간단한 문구를 추출하기 위한 명령 입력

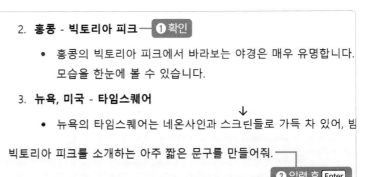

04 서술어를 생략해 명사구 형태의 문구를 생성하기 위한 명령 입력

TIP 마음에 드는 결과가 표시될 때까지 명령을 해보세요!

05 결과 내용 복사

01 파워포인트 2021 프로그램을 실행한 다음 [새 프레젠테이션]을 클릭합니다.

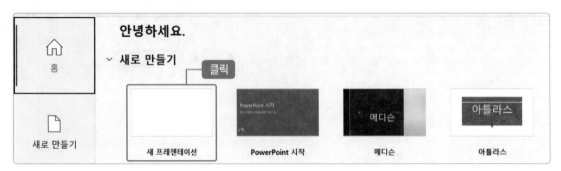

02 슬라이드의 빈 곳 위에서 마우스 오른쪽 버튼을 눌러 [레이아웃]-[빈 화면]을 클릭합니다.

03 챗GPT에서 복사한 내용을 붙여넣기(Ctrl + V)합니다.

TIP 작업의 편의를 위해 슬라이드 주변에 임의 위치에 배치해 주세요!

STEP 3 야경 명소 찾아 이미지 저장하기

01 네이버(www.naver.com)에 접속

02 야경 명소 이미지를 찾아 저장

TIP 저작권의 문제로 책에서는 별도의 이미지를 사용했으며, [Chapter 17] 폴더에 동일한 이미지가 있습니다!

STEP 4 도형과 텍스트에 병합 기능 이용하기

01 저장했던 야경 그림을 불러와 슬라이드에 꽉 채워지도록 배치합니다.

TIP 슬라이드와 그림의 비율이 맞지 않는다면 [그림 서식]-[자르기] 기능으로 그림을 자를 수 있어요!

02 [삽입] 탭-[도형]에서 '직사각형'을 아래와 같이 삽입한 후 서식을 변경합니다.

TIP 슬라이드 전체 크기만큼 직사각형 도형으로 덮어준 후 '도형 채우기(검정)', '윤곽선 없음'을 지정해요!

03 [삽입] 탭-[텍스트 상자]를 이용하여 슬라이드 바깥쪽에 TRAVEL을 입력합니다.

TIP 도형에 글자가 입력되지 않도록 슬라이드 바깥쪽(회색 부분)을 선택하여 내용을 입력해 주세요!

04 [홈] 탭에서 글꼴, 글꼴 크기, 글꼴 색을 변경한 후 텍스트 상자를 슬라이드에 배치합니다.

TIP 글꼴 모양은 최대한 두꺼운 것을 선택하고, 글꼴의 크기는 슬라이드만큼 키워주세요!

05 배경 도형을 선택한 다음 Shift 를 누른 채 TRAVEL 글자를 클릭합니다.

06 [도형 서식] 탭에서 [도형 병합]-[결합]을 눌러 글자 안쪽이 투명해진 것을 확인합니다.

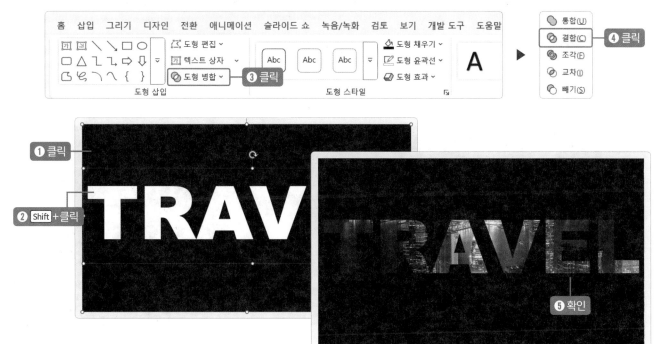

01 [슬라이드 1]을 복제한 다음 [슬라이드 2]의 앞쪽 커버(검정색 직사각형)를 삭제합니다.

02 슬라이드 주변에 복사해두었던 텍스트를 클릭한 후 [도형 서식] 탭에서 원하는 워드아트 스타일을 선택합니다.

03 텍스트의 글꼴 서식을 자유롭게 변경하고 슬라이드에 배치해 보세요.

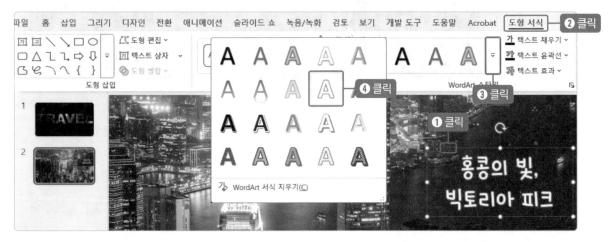

TIP 텍스트 상자 위에서 마우스 오른쪽 버튼을 눌러 [맨 앞으로 가져오기]를 작업해 글자를 앞쪽에 배치해요!

04 [슬라이드 1]의 커버를 [슬라이드 2]에 다시 적용합니다.

TIP [슬라이드 1]의 커버를 선택한 후 복사(Ctrl+C) → [슬라이드 2]에 붙여넣기(Ctrl+V)

05 [슬라이드 2]의 커버 위에서 마우스 오른쪽 버튼을 눌러 [크기 및 위치]를 클릭합니다.

06 가로 세로 비율 고정에 체크한 다음 높이 조절을 2000%로 지정합니다.

TIP 앞쪽 커버의 크기를 비율에 맞추어 크게 확대하는 작업이에요!

07 슬라이드 확대 비율을 최소화시킨 후 [도형 서식] 탭에서 [맞춤]-[가운데 맞춤]과 [중간 맞춤]을 지정합니다.

08 글자 사이에 슬라이드가 배치될 수 있도록 커버를 이동시켜줍니다.

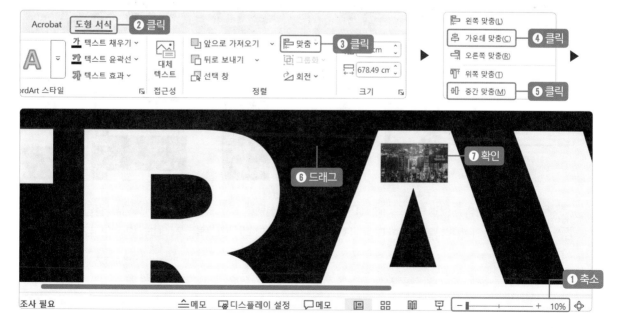

09 [슬라이드 2]에서 [전환] 탭-[모핑]을 선택하고, 기간을 8초 정도로 변경합니다.

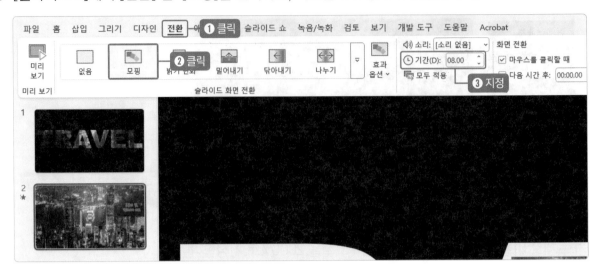

TIP F5를 눌러 슬라이드 쇼가 실행되면 슬라이드 화면 전환 효과를 확인해 보세요.

파워포인트 2021의 병합과 모핑 기능을 이용하여 애니메이션을 만들어 보세요.

📁 **실습 및 완성파일** [Chapter 17]-[연습문제] 폴더

작성 조건 ★
▸ 검정색 도형과 텍스트(WINTER)를 순서대로 선택한 후 [도형 서식] 탭-[도형]-[결합]
▸ [슬라이드 1]을 복제한 다음 글자 안에 슬라이드가 배치되도록 검정색 배경의 텍스트 크기를 조절
　■ 109페이지를 참고하여 앞쪽 커버의 크기를 변경한 후 '가운데 맞춤'과 '중간 맞춤'을 지정해요!
▸ [슬라이드 2]에 모핑 전환 효과를 적용한 다음 기간을 8초 정도로 지정

무한 재생 GIF 미니앨범

인터넷 ··· 움직이는 형태의 GIF 이미지를 다운로드 해요.
파워포인트 ··· 애니메이션을 활용해 무한 재생되는 GIF 미니앨범을 완성해요.

오늘의 작품

📁 **실습 및 완성파일** [Chapter 18] 폴더

오늘의 QUIZ **이미지 형식과 관련된 내용으로 옳지 않은 것은 무엇일까요?**

 JPG는 대표적인 사진 파일 형식으로, 파일의 크기가 비교적 작다는 장점이 있어! ⭕

PNG는 투명 배경을 지원하지 않기 때문에 로고나 스티커 작업에 적합하지 않아!

 GIF는 짧은 애니메이션처럼 빠르게 움직이는 이미지를 의미해!

111

01 네이버(www.naver.com)에 접속

02 필요한 그림을 찾기 위해 검색

03 옵션 변경

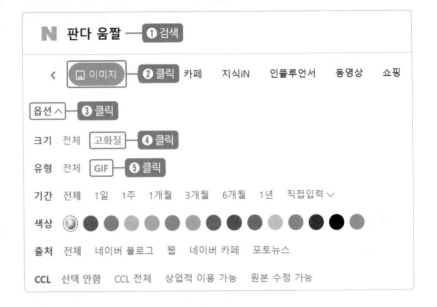

TIP GIF란 애니메이션이 지원되는 그림 파일 형식을 말해요!

04 원하는 이미지를 선택

05 [이미지를 다른 이름으로 저장]

TIP 좋아하는 캐릭터, 연예인 등의 움직이는 그림을 찾아 저장해 보세요. 이번 챕터에서 필요한 GIF 이미지는 모두 4장입니다.

01 [Chapter 18]–'미니앨범.pptx' 파일을 열고 112페이지에서 저장한 gif 파일을 슬라이드로 불러옵니다.

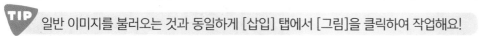
TIP 일반 이미지를 불러오는 것과 동일하게 [삽입] 탭에서 [그림]을 클릭하여 작업해요!

02 그림의 크기와 위치를 아래 그림과 같이 맞춰줍니다.

TIP 필름의 왼쪽 끝에 그림을 잘 맞춰주세요. 키보드 방향키(↑, ↓, ←, →)를 눌러 위치를 세밀하게 조절할 수 있어요!

03 똑같은 방법으로 4개의 이미지를 모두 배치해 보세요.

TIP [그림 서식] 탭-[자르기] 기능으로 이미지의 가로/세로 비율을 적당하게 조절해 보세요!

04 Ctrl + A 를 눌러 모든 개체를 선택한 후 그룹으로 지정합니다.

STEP 3 필름에 애니메이션 적용하기 파워포인트

01 그룹으로 지정된 필름이 선택된 상태에서 [애니메이션] 탭-[나타내기-날아오기]를 클릭합니다.

02 [애니메이션] 탭-[애니메이션 창]을 클릭하여 우측 작업 창이 활성화되면 표시된 애니메이션을 더블클릭합니다.

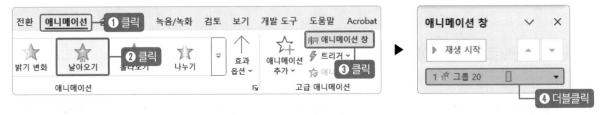

03 아래 그림과 같이 [효과]와 [타이밍] 탭의 옵션을 변경합니다.

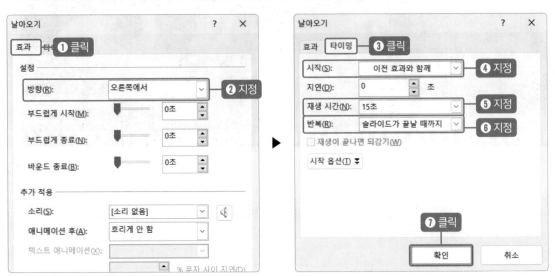

04 애니메이션이 적용된 필름을 복사한 다음 뒤쪽 필름을 선택합니다.

TIP [Ctrl]을 누른 채 필름을 드래그하면 쉽게 복사할 수 있어요!

05 [애니메이션] 탭에서 [끝내기-날아가기]를 클릭합니다.

06 아래 그림과 같이 [효과]와 [타이밍] 탭의 옵션을 변경합니다.

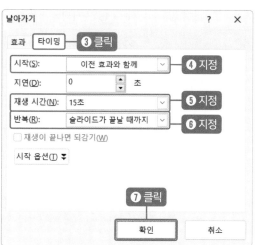

07 두 개의 필름을 겹쳐 작품을 완성합니다.

 F5 를 눌러 슬라이드 쇼가 실행되면 GIF 앨범이 무한 재생되는 것을 확인할 수 있어요!

와그작 나만의 작품

파워포인트 2021의 애니메이션 기능을 이용해 앨범을 만들어 보세요!

실습 및 완성파일 [Chapter 18]-[연습문제] 폴더

작성 조건 ★

▸ 인터넷을 이용해 각 장면 키워드에 맞는 그림을 찾아 저장한 후 슬라이드에 배치

■ 만약 그림의 비율이 맞지 않는다면 자르기 기능을 이용해 불필요한 부분을 잘라 배치해 주세요!

▸ 모든 개체를 선택하여 그룹으로 지정

▸ [나타내기-날아오기] 애니메이션 적용 후 옵션 변경
(오른쪽에서 / 이전 효과와 함께 / 재생 시간 10초 / 슬라이드가 끝날 때까지 반복)

▸ 앨범 복사 후 뒤쪽에 배치된 개체에 [끝내기-날아가기] 애니메이션 적용 후 옵션 변경
(왼쪽으로 / 이전 효과와 함께 / 재생 시간 10초 / 슬라이드가 끝날 때까지 반복)

▸ 두 개의 앨범을 겹쳐 작품 완성

■ 끝내기 애니메이션이 적용된 앨범을 뒤쪽에 배치해 주세요!

신나게 움직이는 대두 캐릭터

인터넷 ··· 좋아하는 인물의 정면 사진을 저장해요.

파워포인트 ··· 사진의 얼굴 부분만 남긴 다음 캐릭터로 저장해요.

인공지능 ··· 저장된 캐릭터에 다양한 애니메이션을 적용해요.

오늘의 작품

📁 **실습 및 완성파일** [Chapter 19] 폴더

 ▶

오늘의 QUIZ 　**인공지능과 관련된 내용으로 옳지 않은 것은 무엇일까요?**

인공지능은 그림의 형태와 움직임을 분석해 자연스러운 애니메이션을 만들 수 있어!

인공지능은 주어진 데이터를 분석하고, 그 안에서 패턴을 찾아 학습된 정보를 제공할 수 있어!

인공지능은 사람의 감정을 완벽하게 이해하고, 그에 공감할 수 있어!

STEP 1 정면 사진 다운로드

01 네이버(www.naver.com)에 접속

02 인물의 정면 사진을 찾아 저장

> **TIP** 고화질의 정면 셀카 사진을 찾아보세요. 앞머리를 길게 덮지 않으며, 이마와 귀가 잘 보이는 사진이 작업하기 좋아요!

STEP 2 얼굴만 남기고 주변 투명하게 만들기

01 [Chapter 19]-'움직이는 캐릭터.pptx' 파일을 열고 저장한 이미지를 삽입합니다.

02 [그림 서식]-[자르기] 기능을 통해 얼굴 부분만 남기고 주변을 잘라줍니다.

▶

> **TIP** 해당 작업은 [슬라이드 1]에서 진행해요!

03 얼굴 주변을 투명하게 만들기 위해 [그림 서식] 탭-[배경 제거]를 클릭합니다.

04 [배경 제거] 탭이 활성화되면 [보관할 영역 표시]와 [제거할 영역표시] 기능을 이용해 인물만 남기고 지워줍니다.

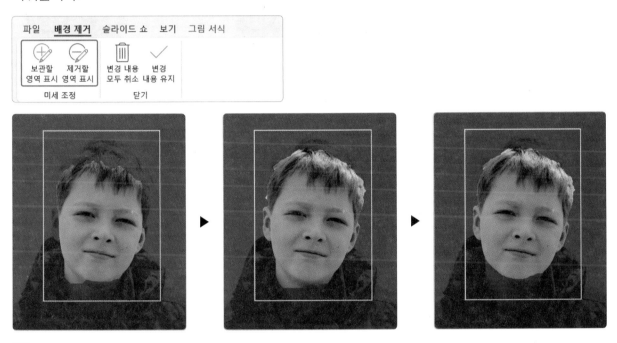

TIP 작업에 어려움이 생기면 배경 지우기 기능이 자세히 설명된 67페이지를 참고해 보세요!

05 울퉁불퉁한 경계를 자연스럽게 만들기 위해 [그림 서식] 탭에서 [그림 효과]-[부드러운 가장자리]를 적당한 두께로 지정합니다.

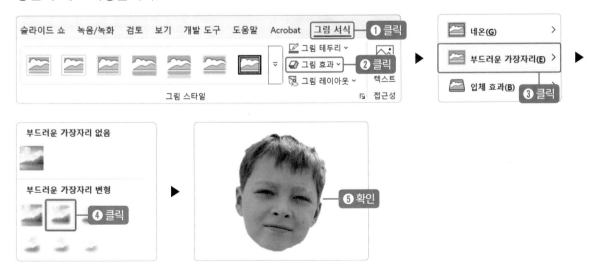

01 [슬라이드 2]의 이미지를 활용해 캐릭터를 완성한 다음 그룹으로 지정합니다.

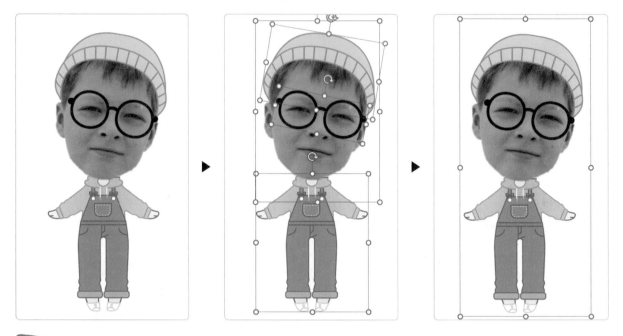

TIP [슬라이드 2]의 아이템을 복사(Ctrl+C)한 후 [슬라이드 1]에 붙여넣기(Ctrl+V) 해요!

02 그룹으로 지정된 캐릭터 위에서 마우스 오른쪽 버튼을 눌러 [그림으로 저장]합니다.

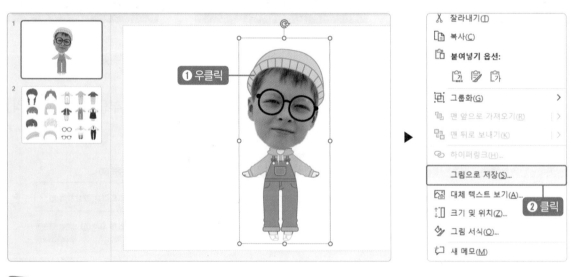

TIP 찾기 쉬운 경로에 저장해 보세요!

STEP 4 캐릭터를 업로드하여 애니메이션 적용하기

01 애니메이티드드로잉(sketch.metademolab.com)에 접속

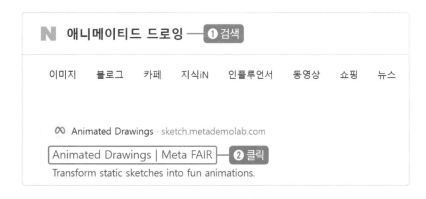

02 <Try it now>를 눌러 시작

TIP 해당 서비스 이용 시 반드시 크롬브라우저를 이용해 접속하고, 한국어로 번역하지 않아요!

03 <Upload Photo>를 눌러 캐릭터 이미지 업로드

04 <Next> 클릭

05 캐릭터가 잘리지 않도록 조절점 넓히기

06 <Next> 클릭

07 캐릭터 포함 여부 수정

08 <Next> 클릭

TIP 연필 도구로 포함될 영역을, 지우개 도구로 해제할 영역을 지정할 수 있어요!

09 다음 화면에서 관절 점이 표시된 것을 확인 후 <Next> 클릭

10 다양한 모션을 선택하여 캐릭터의 움직임 확인

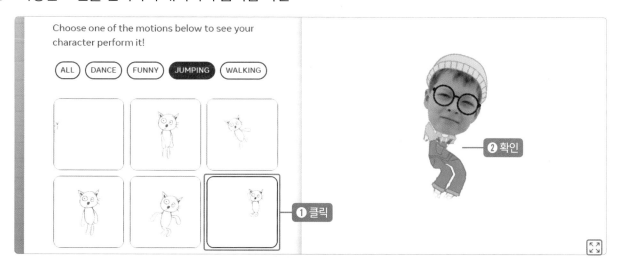

 캐릭터가 움직이는 화면에 표시된 ⬚(확대) 단추를 클릭한 후 ⋮(더보기) 단추를 누르면 애니메이션 다운로드가 가능해요!

파워포인트 2021의 배경 제거 기능을 이용하여 캐릭터 이미지와 합성해 보세요.

📁 **실습 및 완성파일** [Chapter 19]–[연습문제] 폴더

▸ 인터넷을 이용해 합성에 사용할 이미지 저장
▸ [슬라이드 1]에 저장한 그림을 삽입한 후 [그림 서식]–[배경 제거]를 이용해 얼굴만 남기기
▸ 배경이 제거된 이미지를 복사하여 [슬라이드 2]에 배치한 후 귀, 몸통, 손과 합성
  ▪ 개체 위에서 마우스 오른쪽 버튼을 눌러 [맨 앞으로 가져오기] 또는 [맨 뒤로 보내기]를 이용해 캐릭터를 완성해 보세요!

CHAPTER 20

똑똑하게 제품 홍보하기

인공지능 ··· 챗GPT와 함께 광고 카피를 만들어요.
파워포인트 ··· 3D 모델과 동영상을 넣어 멋진 광고 페이지를 완성해 보세요.

오늘의 작품

실습 및 완성파일 [Chapter 20] 폴더

오늘의 **TOON** 광고 카피에 대해 알아볼까요?

카피는 제품을 홍보하는 짧고 강렬한 문장이에요. '나는 이 제품이 필요하다!'라는
생각을 자연스럽게 떠올리게 만들어, 제품을 구매하도록 유도하는 중요한 역할을 하지요!

01 챗GPT(chatgpt.com)에 접속

02 필요한 내용 입력

> # 무엇을 도와드릴까요?
>
> 새롭게 출시된 햄버거와 관련된 광고 카피를 만들어줘.
>
> 📎 입력 후 [Enter]

 TIP [Chapter 20] 폴더 안에 게임기, 시리얼, 케이크, 햄버거 동영상이 들어있어요. 내가 광고하고 싶은 제품을 골라 챗GPT에게 명령해 보세요!

03 표시된 내용을 확인 후 내용 보완을 요청

> 새롭게 출시된 햄버거와 관련
>
> **1** 확인
>
> 물론이에요! 새로 출시된 햄버거를 소개하는 광고 카피를 몇 가지 제안
>
> 1. "한 입에 행복을 담다, 새로운 햄버거로 더 맛있게!"
> 2. "입안 가득 퍼지는 풍미, 오늘은 새로운 햄버거와 함께!"
> 3. "새로운 맛의 혁명, 그 특별한 한 입을 경험하세요!"
> 4. "더 맛있고, 더 특별한 한 끼, 이제 새로운 햄버거와 함께!"
> 5. "맛의 진화가 시작된다. 지금 바로, 새로운 햄버거와 만나다!"
>
> 이 카피들이 햄버거의 특성과 이미지를 잘 전달할 수 있기를 바래요! 더
>
> 메인 카피와 서브 카피가 필요해. — **2** 입력 후 [Enter]
>
> 📎

04 원하는 내용을 복사

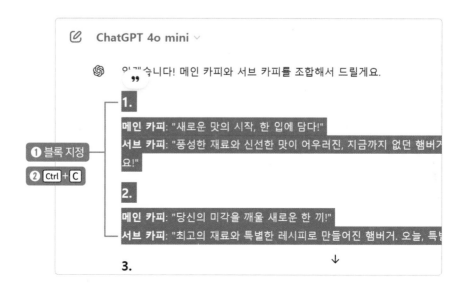

TIP 챗GPT의 결과를 조합해서 사용해도 좋아요. 필요한 문장을 블록으로 지정한 후 복사([Ctrl]+[C])해 보세요!

01 파워포인트 2021 프로그램을 실행한 다음 [새 프레젠테이션]을 클릭합니다.

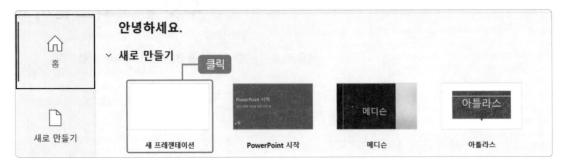

02 슬라이드 노트를 열어 복사한 내용을 붙여넣기(Ctrl+V)합니다.

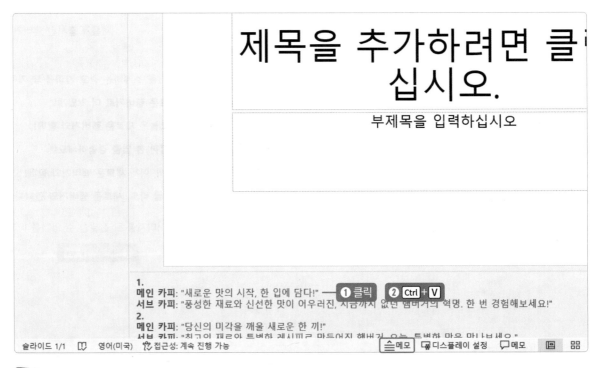

TIP 슬라이드 노트에 입력된 내용은 슬라이드 쇼에 표시되지 않기 때문에, 임시 텍스트를 적어두기에 편리해요!

03 [삽입] 탭에서 [3D 모델]을 클릭합니다.

04 [Microsoft Products]에서 노트북을 선택해 슬라이드에 <삽입>합니다.

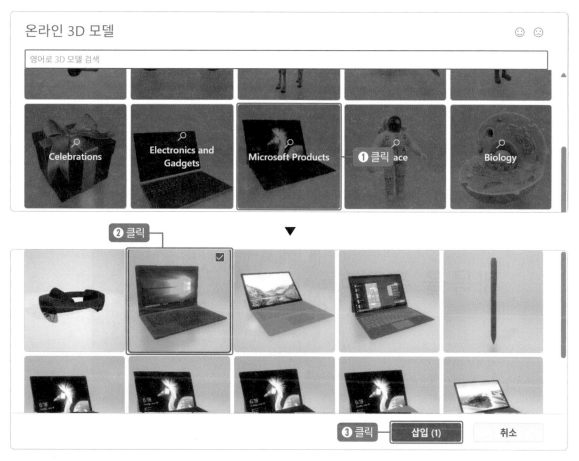

> **TIP** 검색 창에 'computer'을 입력해도 똑같은 3D 모델을 찾을 수 있어요!

05 슬라이드에 삽입된 3D 모델을 아래와 같이 배치합니다.

> **TIP** 동영상 삽입을 위해 노트북의 정면이 보이도록 조절해 주세요!

01 [삽입] 탭에서 [비디오]-[이 디바이스]를 클릭합니다.

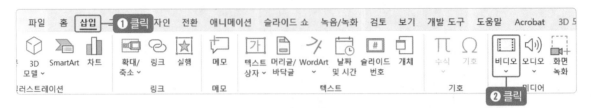

02 [Chapter 20] 폴더에서 제품의 동영상을 노트북 화면 크기에 맞춰 삽입합니다.

> **TIP** 만약 동영상이 노트북 화면 비율과 맞지 않을 경우 [비디오 형식] 탭에서 [자르기] 기능을 이용해요!

03 [비디오 형식] 탭에서 [포스터 프레임]-[파일의 이미지]를 선택한 다음 [Chapter 20] 폴더에서 '재생 화면' 이미지를 불러옵니다.

> **TIP** 포스터 프레임은 비디오(동영상)가 재생되기 전, 슬라이드에 표시할 기본 이미지를 설정하는 기능이에요!

04 [재생] 탭을 클릭한 후 시작을 '클릭할 때'로 지정하고, '반복 재생'에 체크합니다.

> **TIP** 동영상 화면을 클릭했을 때 영상이 반복해서 재생되도록 하는 옵션이에요. F5를 눌러 슬라이드 쇼를 실행한 후 확인해 보세요!

STEP 4 도형과 카피 문구로 광고 페이지 완성하기 · 파워포인트

01 [삽입] 탭-[도형]에서 '직사각형'을 아래와 같이 삽입한 후 서식을 변경합니다.

02 두 개의 도형을 맨 뒤쪽으로 보내 슬라이드의 배경을 완성합니다.

❶ 도형 작업
❷ [맨 뒤로 보내기]
❸ 확인

> **TIP** 제품의 특성이 잘 드러날 수 있는 색상으로 도형의 서식을 바꿔보세요!

03 제목과 부제목 입력 상자의 글꼴 서식을 변경한 후 슬라이드 노트에 있는 내용을 가공하여 광고 카피를 입력해 보세요.

TIP 슬라이드 노트에 입력된 내용은 따로 삭제하지 않아도 괜찮아요!

와그작 **나 만 의 작 품**

파워포인트 2021에서 비디오를 삽입한 후 프레임을 변경해 보세요.

📁 **실습 및 완성파일** [Chapter 20]-[연습문제] 폴더

작성 조건 ★
▸ [삽입] 탭-[비디오] 기능으로 [Chapter 20]-[연습문제] 폴더의 동영상을 삽입한 후 재생 옵션 지정 (클릭할 때 시작 / 반복 재생)
▸ [비디오 형식] 탭-[포스터 프레임]-[파일의 이미지] 기능으로 프레임 이미지를 추가

귀여운 나만의 이모티콘

인터넷 ··· 여러 가지 이모티콘을 살펴보세요.

파워포인트 ··· 점 편집과 슬라이드 복제 기능으로 움직이는 이모티콘을 만들어요.

오늘의 작품

📁 **실습 및 완성파일** [Chapter 21] 폴더

오늘의 QUIZ **이모티콘과 관련된 내용으로 옳지 않은 것은 무엇일까요?**

 전통적인 이모티콘은 그림이 아닌 문자 기반의 기호로 만들어졌어! ◯

카카오톡 이모티콘은 사진이나 애니메이션을 포함하고 있어, 더 다양한 표현이 가능해! ◯

움직이는 이모티콘은 그래픽 전문가만 만들 수 있어! ◯

STEP 1 다양한 이모티콘 둘러보기

01 카카오 이모티콘샵(e.kakao.com)에 접속

02 다양한 이모티콘 살펴보기

 카카오 이모티콘샵에서 여러 가지 스타일의 이모티콘을 살펴보세요!

STEP 2 슬라이드를 복제 후 점 편집으로 모양 변형하기

01 [Chapter 21]-'귀여운 이모티콘.pptx' 파일을 열어 [슬라이드 1]을 복제합니다.

02 [슬라이드 2]의 삽입된 둥근 도형을 선택한 후 [도형 서식] 탭-[도형 편집]-[점 편집]을 클릭합니다.

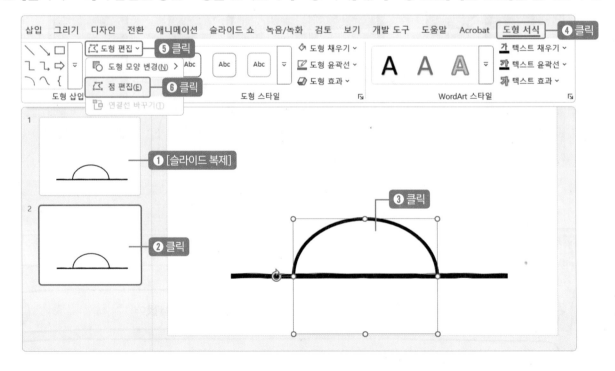

03 위쪽에 활성화된 점을 왼쪽으로 드래그하여 모양을 편집합니다.

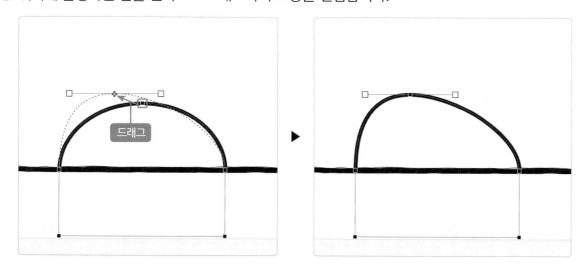

04 [슬라이드 2]를 복제한 다음 [슬라이드 3]의 모양을 다르게 바꿔봅니다.

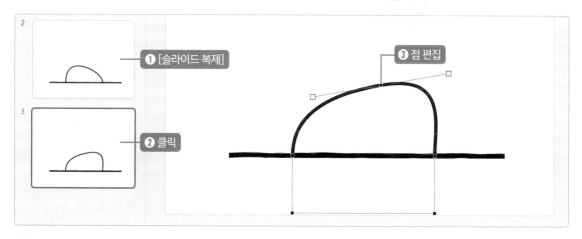

TIP 점 편집 기능이 활성화된 상태에서 꼬물꼬물 기어 나오는 캐릭터를 자유롭게 연출해 보세요!

05 이번에는 [슬라이드 3]을 복제하여 [슬라이드 4] 모양을 만들어 보세요.

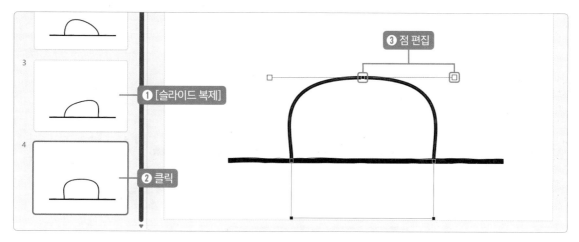

06 [슬라이드 4]를 복제해 [슬라이드 5]가 생성되면 도형의 높이를 변경하고 점 편집 기능으로 모양을 변형합니다.

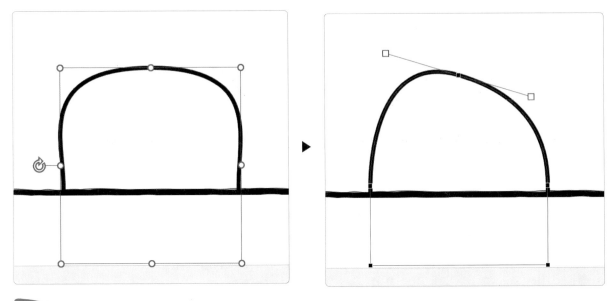

 하나의 슬라이드는 애니메이션의 한 장면이 될 거예요. 마지막에 작업한 슬라이드를 복제하여 조금씩 모양을 바꿔주세요!

STEP 3 표정과 손을 추가한 후 슬라이드 복제하기 파워포인트

01 [Chapter 21] 폴더에서 표정 이미지를 불러와 [슬라이드 5]의 캐릭터에 배치합니다.

02 선과 하단에 흰색 박스를 [맨 앞으로 가져오기] 작업하여 아래쪽 표정을 숨겨줍니다.

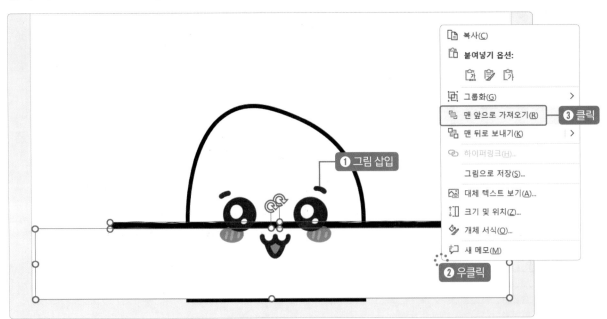

03 [슬라이드 5]의 캐릭터에 '타원'을 넣어 손을 만들어줍니다.

 실습 파일에 미리 슬라이드 자동 전환 시간을 지정했기 놓았기 때문에 F5를 눌렀을 때 캐릭터가 움직이는 것을 확인할 수 있습니다.

04 [슬라이드 5]를 복제한 후 도형을 점 편집하여 조금씩 변형해 보세요.

05 슬라이드 장면이 많아질수록 자연스러운 애니메이션이 만들어질 거예요.

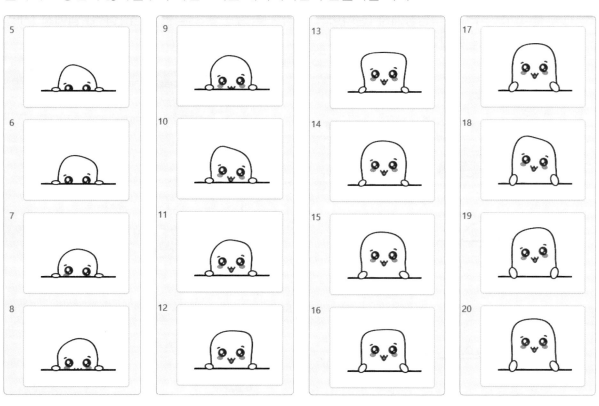

 도형이 위로 올라갈 때마다 표정의 위치도 함께 이동시키며, 손 모양을 조금씩 바꿔주면 자연스러운 결과물을 얻을 수 있어요!

01 움직이는 이미지 형식으로 저장하기 위해 [파일] 탭–[다른 이름으로 저장]–[찾아보기]를 클릭합니다.

02 파일 형식을 [애니메이션 GIF 형식]으로 지정한 후 <저장>합니다.

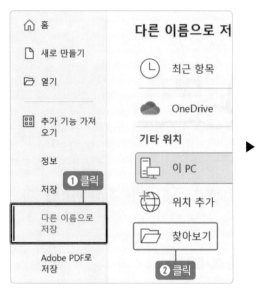 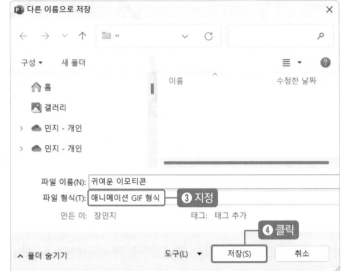

03 왼쪽 슬라이드 축소판 그림창에서 [슬라이드 1]의 위쪽 부분을 클릭한 다음 [삽입] 탭에서 [새 슬라이드]–[빈 화면]을 선택합니다.

04 [Chapter 21] 폴더에서 '스마트폰.jpg'와 '귀여운 이모티콘.gif'을 슬라이드에 배치한 후 텍스트 상자를 넣어 작품을 완성합니다.

 TIP 움직이는 이모티콘은 [그림 서식]-[자르기] 기능을 이용하여 여백을 잘라 더 크게 확대해 보세요!

파워포인트 2021의 점 편집 기능으로 캐릭터를 만들어 보세요.

📁 **실습 및 완성파일** [Chapter 21]-[연습문제] 폴더

작성
조건 ★

▸ 원하는 도형을 삽입한 후 [도형 서식] 탭-[도형 편집]-[점 편집] 기능으로 모양을 자유롭게 변형
  ■ 책에서는 하트와 타원 도형을 이용했어요!

▸ [삽입] 탭-[그림] 기능을 이용해 표정 이미지를 넣어 캐릭터를 완성

돈보기로 감상하는 명화

인터넷 ··· 가로 형태의 명화를 고화질로 저장해 보세요.

파워포인트 ··· 모핑 전환 효과를 이용해 돋보기가 움직이는 장면을 연출해요.

📁 **실습 및 완성파일** [Chapter 22] 폴더

오늘의 QUIZ | **모핑과 관련된 내용으로 옳지 않은 것은 무엇일까요?**

 모핑은 한 이미지나 객체가 다른 형태로 부드럽게 변하는 애니메이션 기법이야!

 모핑 효과는 이미지가 갑자기 변화하는 효과이기 때문에 자연스럽지 않아!

모핑은 영화, 애니메이션, 광고 등에서 자주 사용되며, 시각적으로 매우 매력적인 효과를 줄 수 있지!

STEP 1 가로 비율의 명화 이미지 저장하기 인터넷

01 네이버(www.naver.com)에 접속

02 원하는 고화질 명화 이미지를 저장

> **TIP** 가로 형태의 명화를 찾아 저장해 보세요. 검색이 어렵다면 챗GPT의 도움을 받아 명화 이름을 추천받을 수도 있어요!

STEP 2 돋보기에 확대한 그림 삽입하기 파워포인트

01 [Chapter 22]–'돋보기 명화.pptx' 파일을 열어 [슬라이드 2]에 저장한 이미지를 삽입합니다.

02 [슬라이드 2]를 복제한 후 [Chatper 22] 폴더에 있는 돋보기 이미지를 함께 배치합니다.

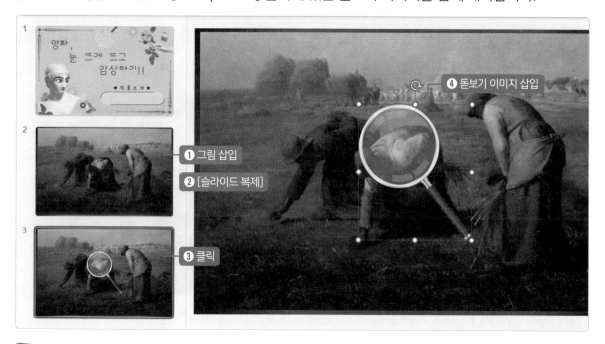

> **TIP** 그림의 비율이 맞지 않을 경우 [그림 서식] 탭–[자르기] 도구로 그림을 잘라 비율에 맞추어 삽입해요!

03 [슬라이드 3]의 돋보기의 위치를 아래와 같이 변경한 후 명화를 확대해줍니다.

❶ 돋보기 위치 이동
❷ 크기 확대
❸ 명화 위치 이동

TIP 돋보기 효과를 적용하고 싶은 부분이 확대되도록 그림의 크기와 위치를 맞춰주세요!

04 [삽입] 탭-[도형]-[타원]을 돋보기 안쪽에 삽입합니다.

TIP Shift 를 누른 채 드래그하여 가로 세로 비율이 일정한 도형을 그릴 수 있어요!

05 명화가 선택된 상태에서 Shift 를 누른 채 타원을 선택하여 [도형 서식] 탭-[도형 병합]-[교차]를 클릭합니다.

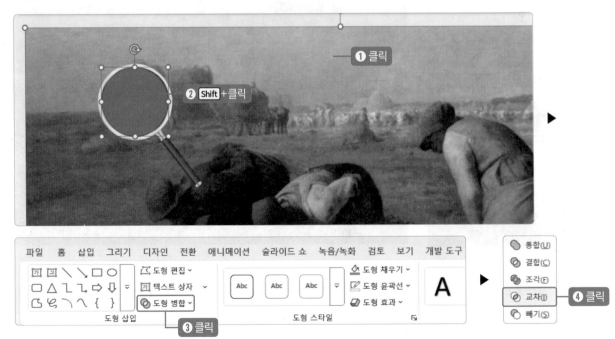

❶ 클릭
❷ Shift + 클릭
❸ 클릭
❹ 클릭

06 돋보기를 맨 뒤로 보낸 다음 돋보기와 안쪽 확대된 그림을 복사(Ctrl + C)합니다.

TIP 돋보기와 안쪽 그림은 그룹화하지 않아요!

07 [슬라이드 2]를 선택한 후 붙여넣기(Ctrl + V)하여 해당 부분이 돋보기로 확대된 것처럼 보이는지 확인합니다.

08 [슬라이드 3]을 삭제한 다음 [슬라이드 2]를 복제합니다.

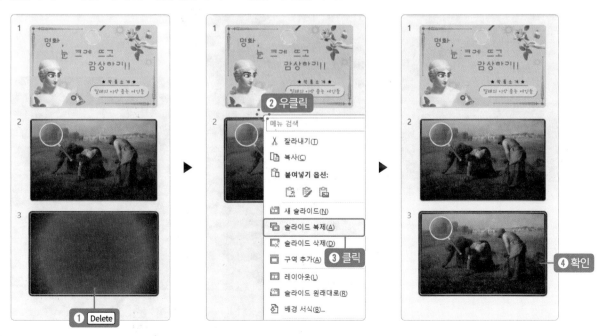

01 [슬라이드 3]의 돋보기와 안쪽 이미지를 함께 선택하여 위치를 이동시켜 보세요.

① Shift + 선택

② 위치 이동

> **TIP** Shift 를 누른 채 두 개 이상의 개체를 선택할 수 있어요. 명화 이미지가 선택되지 않도록 유의하며 작업해요!

02 돋보기가 위치한 부분을 확대하기 위해 원형 이미지가 선택된 상태에서 [그림 서식] 탭-[자르기]를 클릭합니다.

03 자르기 조절점이 표시되면 확대되어야 하는 부분만 남도록 그림을 이동합니다.

① 클릭   **②** [그림 서식] 탭 - [자르기] 클릭

③ 명화 드래그

04 [슬라이드 3]에서 확대된 결과물을 확인합니다.

TIP 위치가 어색하다면 돋보기와 안쪽 이미지를 함께 선택해 조절해 보세요!

05 [슬라이드 3]을 복제하여 [슬라이드 4]가 만들어지면 [자르기] 기능으로 다른 부분을 확대해 봅니다.

❶ [슬라이드 복제]

❷ 클릭

❸ 확대

06 똑같은 방법으로 [슬라이드 4]를 복제하여 [슬라이드 5]도 작업해 보세요.

01 [슬라이드 2]부터 [슬라이드5]를 선택한 다음 [전환] 탭에서 [모핑]을 선택한 후 타이밍을 지정합니다.

> **TIP** Shift를 이용해 연속되는 여러 슬라이드를 한 번에 선택할 수 있어요!

02 이번에는 [슬라이드 1]을 선택하여 원하는 전환 효과를 적용한 후 타이밍을 지정합니다.

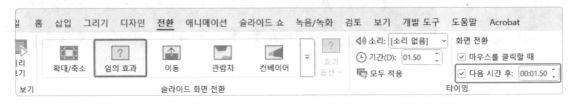

> **TIP** 슬라이드 화면 전환을 '임의 효과'로 지정하면 F5를 눌러 슬라이드 쇼를 실행할 때마다 전환 효과가 달라지게 돼요!

03 [슬라이드 1]의 작품 소개란에 내용을 입력하고 글꼴 서식을 변경하여 작업을 완료합니다.

파워포인트 2021에서 슬라이드 링크로 전환 효과를 적용해 보세요.

■ **실습 및 완성파일** [Chapter 22]-[연습문제] 폴더

**작성
조건** ★

▷ [슬라이드 1]에서 축소판 그림창의 [슬라이드 2]를 드래그하여 배치

▷ [슬라이드 2]에서 축소판 그림창의 [슬라이드 3]을 드래그하여 배치

▷ 똑같은 방법으로 [슬라이드 3]과 [슬라이드 4]에 다음 슬라이드 축소판 그림창을 배치

▷ 각 슬라이드에 삽입된 명화 이름 텍스트 상자의 글꼴 서식을 자유롭게 변경

■ 축소판 그림창을 슬라이드에 배치하면 해당 슬라이드로 연결되면서 화면 전환 효과가 자동으로
생성될 거예요. F5 를 눌러 확인해 보세요!

뒤집는 재미, 신조어 카드

CHAPTER 23

인터넷 ··· 지식백과를 통해 다양한 신조어를 살펴보세요.

파워포인트 ··· 신조어 카드를 꾸미고 애니메이션을 활용해 카드가 뒤집히도록 만들어요.

오늘의 작품

📁 실습 및 완성파일 [Chapter 23] 폴더

오늘의 TOON   유행하는 신조어, 선을 지켜가며 사용해요!

신조어는 상황과 상대에 맞게 사용하면 대화를 유쾌하게 만들 수 있어요.
하지만 과도하거나 부적절한 상황에서 쓰게 되면 상대방이 불편할 수 있으니 주의가 필요해요!

01 네이버(www.naver.com)에 접속

02 신조어 모음을 검색한 후 네이버 지식백과 결과 선택

N 신조어 모음 — ① 검색

〈   쇼핑   뉴스   숏텐츠   어학사전   지도   도서   지식백과

네이버 지식백과 · terms.naver.com

신조어 - 시사상식사전 — ② 클릭

TIP 네이버에서 제공하는 지식백과는 다양한 분야에 대한 정보를 쉽게 찾을 수 있는 서비스예요!

03 Ctrl + F 를 누른 후 '편도족'을 검색

NAVER 지식백과   ▾ Q   편도족 — ② 입력

③ Enter

반려동물(Pet)과 가족(Family)의 합성어로 반려동물을 가족처럼 여기는 사람들을 이르는

로가기)   ① Ctrl + F

○ **편도족**

편의점 도시락으로 식사를 해결하는 사람을 이르는 말이다. 실제로 편의점 도시락은 시?
는 것은 물론 최근 그 맛과 질이 점차 좋아지면서 젊은층을 중심으로 인기를 끌고 있다.

○ 포미족(For me-)

건강(For health), 1인 가구(One), 여가(Recreation), 편의(More conventient), 고가?
글자를 딴 신조어로, 나를 위해(For me) 소비를 아끼지 않는 사람들을 이른다.

TIP Ctrl + F 를 누르면 해당 페이지에 표시된 글자 중 필요한 내용을 쉽게 찾을 수 있어요!

04 내용을 복사(Ctrl + C)

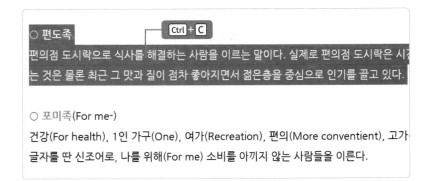

○ 편도족   Ctrl + C

편의점 도시락으로 식사를 해결하는 사람을 이르는 말이다. 실제로 편의점 도시락은 시?
는 것은 물론 최근 그 맛과 질이 점차 좋아지면서 젊은층을 중심으로 인기를 끌고 있다.

○ 포미족(For me-)

건강(For health), 1인 가구(One), 여가(Recreation), 편의(More conventient), 고가?
글자를 딴 신조어로, 나를 위해(For me) 소비를 아끼지 않는 사람들을 이른다.

TIP 긍정적인 뜻을 가진 내용의 신조어를 찾아보세요!

01 [Chapter 23]-'신조어카드.pptx' 파일을 열어 복사한 내용을 슬라이드 노트에 붙여넣기(Ctrl+V)합니다.

02 5개의 신조어를 더 찾아 슬라이드 노트에 내용을 추가해 보세요.

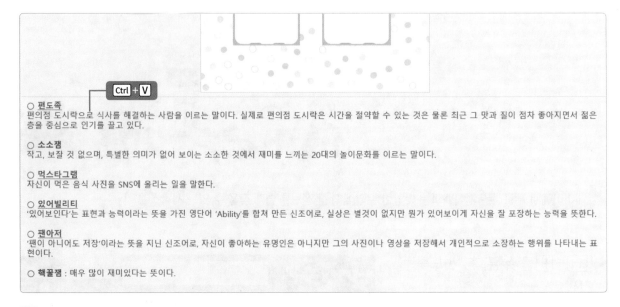

TIP 네이버 지식백과가 아니더라도 알고 있는 신조어가 있다면 작품에 활용해도 좋아요!

03 [삽입] 탭-[텍스트 상자]를 이용하여 왼쪽 카드에는 신조어를, 오른쪽 카드에는 뜻을 입력합니다.

TIP 신조어 뜻은 복사한 내용을 요약해 입력합니다. 카드에 입력된 내용의 글꼴 서식을 예쁘게 변경해 보세요!

04 각 카드를 그룹으로 지정합니다.

TIP 왼쪽 카드와 신조어를 그룹으로 지정 후 오른쪽 카드와 뜻을 그룹으로 지정해요!

STEP 3 카드에 애니메이션 적용하기 파워포인트

01 왼쪽 신조어 카드를 선택한 다음 [애니메이션] 탭에서 [애니메이션 추가]-[추가 끝내기 효과]를 클릭합니다.

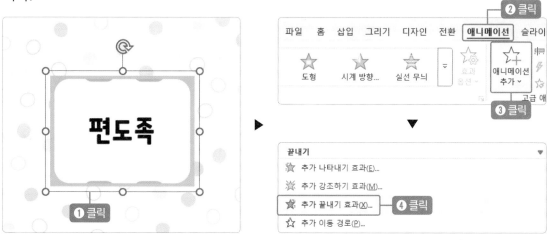

02 [온화한 효과]에서 [붕괴]를 클릭하여 애니메이션을 적용합니다.

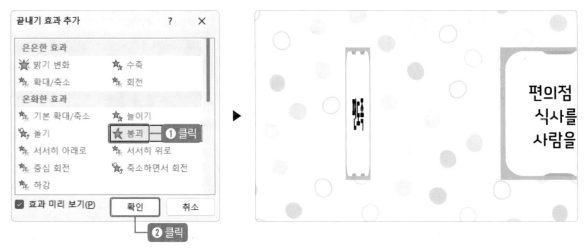

03 [애니메이션] 탭-[애니메이션 창]을 선택하여 우측 작업 창이 활성화되면 표시된 애니메이션을 더블클릭합니다.

04 [타이밍] 탭을 클릭하여 옵션을 아래와 같이 지정합니다. '다음을 클릭하면 효과 시작' 항목이 현재 그룹 이름으로 표시되는 것을 확인합니다.

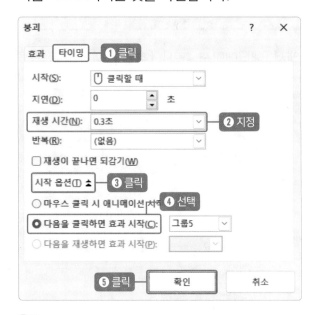

> **TIP**
> · 그룹의 이름은 작업 환경에 따라 다르게 표시될 거예요!
> · F5를 눌러 슬라이드 쇼가 실행되면 왼쪽 신조어 카드를 클릭했을 때 카드가 사라지는 것을 확인할 수 있어요!

05 이번에는 신조어 뜻이 입력된 카드를 선택한 다음 [추가 나타내기 효과]를 클릭합니다.

06 [온화한 효과]에서 [늘이기]를 클릭하여 애니메이션을 적용합니다.

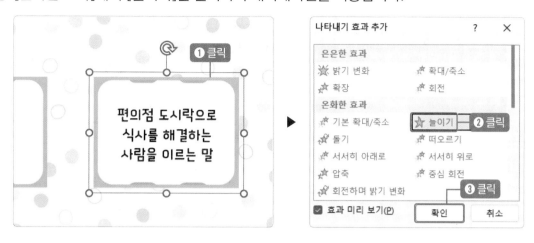

07 우측 작업 창에서 신조어 뜻 그룹의 애니메이션을 더블클릭한 다음 옵션을 아래와 같이 지정합니다.

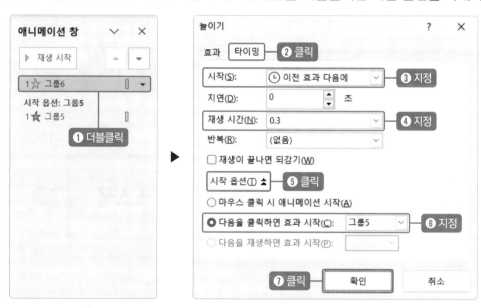

TIP '다음을 클릭하면 효과 시작'의 항목은 신조어 이름이 입력된 그룹명으로 지정해요.

08 두 개의 카드를 겹친 다음 슬라이드 왼쪽 상단에 배치합니다.

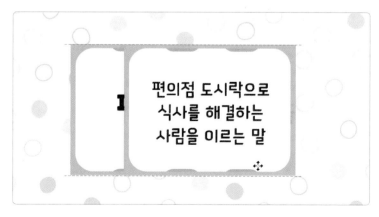

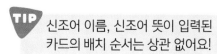

TIP 신조어 이름, 신조어 뜻이 입력된 카드의 배치 순서는 상관 없어요!

09 두 개의 개체를 선택한 다음 5개를 복사하여 총 6개의 카드를 만들어 줍니다.

TIP 신조어 이름과 뜻이 앞뒤로 겹쳐진 카드를 함께 선택하여 복사해 주세요!

STEP 4 신조어 카드의 내용 수정하기　　파워포인트

01 두 번째 카드의 내용을 입력합니다. 신조어 이름과 뜻을 함께 변경해 주세요.

02 똑같은 방법으로 나머지 카드에 신조어 이름과 뜻을 입력합니다.

TIP 책에서는 앞쪽에 신조어 이름, 뒤쪽에 신조어 뜻이 표시되도록 작업했어요!

03 F5를 눌러 슬라이드 쇼를 실행한 후 애니메이션을 확인해 보세요.

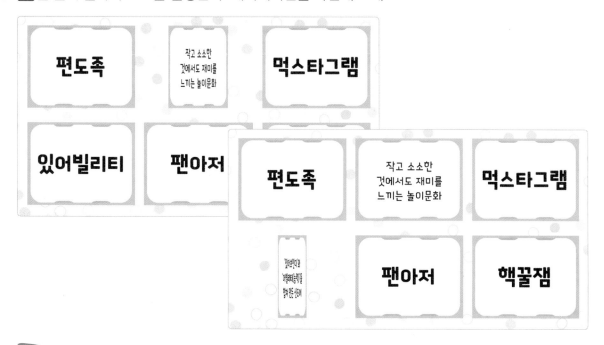

 신조어 카드를 선택했을 때 카드가 뒤집히면서 뜻이 보이는 것을 확인할 수 있어요!

와그작 나 만 의 작 품

파워포인트 2021에서 붕괴와 늘이기 애니메이션으로 카드 뒤집기 효과를 완성해 보세요.

📁 **실습 및 완성파일** [Chapter 23]-[연습문제] 폴더

작성 조건 ★

▷ 그림이 있는 카드에 끝내기(붕괴) 애니메이션을 적용 후 옵션 변경

　■ 끝내기(붕괴) 애니메이션의 옵션은 150페이지를 참고하여 작업해 보세요!

▷ 텍스트가 있는 카드에 나타내기(늘이기) 애니메이션을 적용 후 옵션 변경

　■ 나타내기(늘이기) 애니메이션의 옵션은 151페이지를 참고하여 작업해 보세요!

CHAPTER 24

태어난 김에 먹방 일주

인공지능 ··· 챗GPT를 이용하여 로컬 푸드의 뜻과 종류를 알아보세요.

인터넷 ··· 원하는 로컬 푸드 음식 사진을 찾아 저장해요.

파워포인트 ··· 모핑 전환 효과를 이용해 멋진 슬라이드를 만들어요.

실습 및 완성파일 [Chapter 24] 폴더

오늘의 작품

멕시코 ― 타코

미국 ― 맥앤치즈

영국 ― 피쉬앤칩스

이탈리아 ― 라자냐

중국 ― 딤섬